"Esta obra traz grande ânimo para pastores e discipuladores, pois apresenta as doutrinas cristãs dentro do esquema do Evangelho como pregado por Paulo, começando com a Lei e o pecado, passando pela obra consumada e continuada de Cristo, e findando na igreja. A partir de agora, será o livro-texto nos discipulados em minha própria igreja! Obrigado, Pr. Wilson Porte, por tamanha ferramenta para nosso ministério."

Antônio Neto, pastor na Igreja Batista Calvário (Pinhais, PR) e professor na Escola Charles Spurgeon

"Como resultado de seu labor pastoral, Wilson Porte Jr. escreve de forma clara, simples e didática o livro *Um Guia para a Nova Vida*. Encontramos aqui uma introdução às doutrinas essenciais e aos princípios bíblicos mais importantes para a caminhada cristã. Este livro pode ser um instrumento útil para o discipulado pessoal, instrução de novos convertidos e classes de novos membros."

Fernando Angelim, pastor na Igreja Batista Reformada de Belém (Belém, PA)

"Esta nova obra de meu amigo Wilson Porte Jr. apresenta, de forma clara e acessível, os fundamentos da fé cristã — os Dez Mandamentos, o Credo e o Pai-Nosso — sob uma perspectiva firmemente evangélica. Com linguagem simples e objetiva, é ideal para cristãos que desejam compreender melhor essas bases essenciais da fé, aplicando-as à vida cotidiana. Um recurso valioso para fortalecer a caminhada cristã e aprofundar a relação com Deus."

Franklin Ferreira, reitor do Seminário Martin Bucer (São José dos Campos, SP)

"Wilson Porte é um amante da boa tradição histórica que fundamenta a fé protestante. Por isso, ele compôs esse livro de discipulado fazendo um *blend* de estruturas teológicas e catequéticas, como lei/graça e credo/lei/oração, que marcaram os documentos históricos que remontam à Reforma do século 16. Wilson também é um pastor-mestre e, por isso, aplicou este manual introdutório ao leitor iniciante, sempre com explicações suscintas, exercícios de memorização e reflexão. A junção da boa fundamentação histórica com a aplicabilidade pastoral faz deste livro um excelente manual de discipulado para aqueles que estão sendo iniciados em nossa fé."

Heber Carlos de Campos Júnior, pastor presbiteriano e professor de Teologia Histórica no Centro Presbiteriano de Pós-Graduação Andrew Jumper

"Desde o início de meu ministério pastoral, sempre procurei discipular novos convertidos e cristãos maduros. No início, eu mesmo montava meu material, mas, depois de um tempo, descobri a necessidade de ter um currículo padrão de discipulado que tivesse as principais doutrinas da fé cristã e fosse escrito em uma linguagem acessível. Por isso, fiquei extremamente feliz com a publicação deste livro. Não precisamos simplesmente de novos manuais, mas de bons manuais de discipulado. Aqui temos as doutrinas centrais que uma pessoa que confessa Cristo precisa conhecer e abraçar. Usarei este guia em minha igreja!"

Thiago Guerra, pastor na Igreja da Trindade (São José dos Campos, SP)

WILSON PORTE JR.

UM GUIA PARA A ✝ NOVA VIDA

Doutrinas básicas para o discipulado cristão

Dados Internacionais de Catalogação na Publicação (CIP)
(Câmara Brasileira do Livro, SP, Brasil)

Porte Junior, Wilson
  Um guia para a nova vida : doutrinas básicas para o discipulado cristão / Wilson Porte Jr. ; coordenação Gisele Lemes. -- 1. ed. -- São José dos Campos, SP : Editora Fiel, 2025.

  ISBN 978-65-5723-392-4

  1. Credo dos Apóstolos - Meditações 2. Cristãos novos 3. Dez Mandamentos 4. Discipulado (Cristianismo) - Ensino Bíblico 5. Doutrina cristã 6. Evangelho - Estudo e ensino 7. Vida cristã I. Lemes, Gisele. II. Título.

24-243072   CDD-248.4

Índices para catálogo sistemático:

1. Discipulado : Vida cristã 248.4

Aline Graziele Benitez - Bibliotecária - CRB-1/3129

Um guia para a nova vida: doutrinas básicas para o discipulado cristão

■

Copyright © 2024 por Wilson Porte Jr.
Todos os direitos reservados.

■

Copyright © 2024 Editora Fiel
Primeira edição em português: 2025

■

Todos os direitos em língua portuguesa reservados por Editora Fiel da Missão Evangélica Literária

Proibida a reprodução deste livro por quaisquer meios sem a permissão escrita dos editores, salvo em breves citações, com indicação da fonte.

Os textos das referências bíblicas foram extraídos da Versão Almeida Revista e Atualizada, 2ª ed. (Sociedade Bíblica do Brasil), salvo indicação específica.

■

Editor-chefe: Tiago J. Santos Filho
Editor-Chefe: Vinicius Musselman Pimentel
Coordenadora Gráfica: Gisele Lemes
Editor: André G. Soares
Revisor: André G. Soares
Diagramador: Rubner Durais
Capista: Rubner Durais
ISBN brochura: 978-65-5723-392-4
ISBN E-book: 978-65-5723-393-1

Caixa Postal 1601
CEP: 12230-971
São José dos Campos, SP
PABX: (12) 3919-9999
www.editorafiel.com.br

*Dedico este livro a Vilma de Lima Porte,
primeira pessoa a me discipular e que me ensinou
a amar a Palavra de Deus. Amo você, mãe!*

AGRADECIMENTOS

Gostaria de agradecer a Deus pela igreja que pastoreio (Igreja Batista Liberdade, em Araraquara, SP), pessoas que ele me chamou para alimentar. Este livro é resultado de parte de meus esforços para alimentar as ovelhas de Cristo. Tudo o que tenho feito é para vocês e por vocês. Minha oração sempre é que, em meio às minhas imperfeições e falhas – que sei serem muitas –, a graça de Deus os alcance e edifique, ajudando-os a ser cada dia mais parecidos com Cristo.

Mas não faço isso sozinho. Agradeço aos pastores e professores da classe de novos membros e discipulado da Igreja Batista Liberdade em Araraquara, SP, que primeiramente usaram este material com a classe de novos membros de nossa igreja. Agradeço também pelas correções e ideias, que me ajudaram a terminar este livro. A ajuda de vocês foi especial demais.

Também agradeço a meus filhos e minha esposa, sempre compreensivos e amorosos comigo. O suporte e amor de vocês é impagável. Amo vocês, para sempre!

SUMÁRIO

Prefácio 11
Introdução 15

PARTE 1: A LEI

1 - A lei moral e a lei cerimonial 19
2 - Quatro mandamentos relacionados a Deus 33
3 - Seis mandamentos relacionados ao próximo 45
4 - As más notícias da Lei 59

PARTE 2: A GRAÇA

5 - As boas notícias do Evangelho 69
6 - O arrependimento 79
7 - A fé 91
8 - A cruz 101
9 - A santidade 113
10 - A ressurreição 123
11 - Nova vida, novos hábitos 133

PARTE 3: O PAI-NOSSO

12 - A oração 147
13 - O conteúdo da oração 155

PARTE 4: AS ORDENANÇAS

14 - O Batismo 167
15 - A Ceia do Senhor 179

PARTE 5: O CREDO DOS APÓSTOLOS

16 - O Pai 189
17 - O Filho 195
18 - O Espírito Santo 201

Conclusão 209
Apêndice 1: Dízimos e ofertas 211
Apêndice 2: Uma oração puritana 221

PREFÁCIO

Nunca tivemos tanta gente em nossas igrejas como nos dias de hoje. Na verdade, a explosão evangélica brasileira e seu crescimento numérico parecem ser caracterizados, em boa parte, pela satisfação do interesse de seus consumidores. Milhões de pessoas, quando indagadas sobre sua fé, respondem, sem titubeios, que são evangélicas.

Todavia, para nossa tristeza, um número significativo dessas pessoas não conhece a Cristo, sua Palavra, bem como os fundamentos da fé cristã. A consequência disso tem sido uma igreja extensa como um oceano, mas rasa, sem profundidade bíblica e teológica.

Confesso que, ao pensar sobre a fé cristã, sinto-me profundamente preocupado com os rumos da igreja em nosso país, visto que, de forma quase generalizada, os pastores têm pregado um evangelho ensimesmado, centrado em prosperidade, além de desprovido das inquestionáveis verdades do Evangelho bíblico. Junte-se a isso o fato de que, tristemente, vocábulos importantes da fé cristã — como pecado, arrependimento, juízo, justiça, cruz, até mesmo Cristo e a ressurreição — aos poucos têm desaparecido do discurso de parte dos evangélicos brasileiros.

Para piorar a situação, em alguns seminários teológicos ou mesmo em certas denominações, há aqueles que, associados ao liberalismo teológico, substituíram a confiança nas Escrituras pela suposição de que se pode encontrar a verdade fora da Bíblia.

Ademais, se esse cenário já não fosse o bastante, boa parte da igreja brasileira trocou o ensino pelas campanhas; a escola bíblica pelos cursos lecionados por *coaches*; o discipulado pelas orientações dos *influencers* na internet; o conhecimento bíblico por chavões e mantras repetitivos.

O Pr. Wilson Porte, contrapondo-se à superficialidade dos nossos dias, brinda a igreja de Cristo com um livro em que as doutrinas básicas para o discipulado cristão são tratadas com profundidade, um livro que se concentra na necessidade do resgate da prática do discipulado e ensino na comunidade local.

Nessa perspectiva, de forma diádica, Wilson discorre sobre os Dez Mandamentos, o Evangelho, fé, arrependimento, santidade, nova vida em Cristo, novos hábitos e comportamentos, oração, ordenanças, dízimos e muito mais. O autor mostra que o discipulado e o ensino na igreja não são opcionais, mas uma ordem explícita do próprio Senhor Jesus.

Fundamentado nessa premissa, Wilson defende que a igreja tem o privilégio e a responsabilidade de compartilhar as doutrinas básicas do cristianismo por meio do discipulado. Em outras palavras, o autor defende o princípio da catequese, incentivando pastores e líderes a ensinarem à igreja as verdades da inerrante Palavra de Deus.

Caro leitor, o que esta obra oferece é um chamado ao fundamento da fé cristã, um retorno às doutrinas defendidas e pregadas por aqueles que nos antecederam. Como bem disse

Prefácio

Charles H. Spurgeon, o príncipe dos pregadores, precisamos desejar um reavivamento de antigas doutrinas:

> Queremos um avivamento das antigas doutrinas. Não conhecemos uma doutrina bíblica que, no presente, não tenha sido cuidadosamente prejudicada por aqueles que deveriam defendê-la. Há muitas doutrinas preciosas às nossas almas que têm sido negadas por aqueles cujo ofício é proclamá-las. Para mim é evidente que necessitamos de um avivamento da antiga pregação do evangelho, tal como a de Whitefield e de Wesley. As Escrituras têm de se tornar o infalível alicerce de todo o ensino da igreja; a queda, a redenção e a regeneração dos homens precisam ser apresentadas em termos inconfundíveis.[1]

Afirmo que o livro que você tem em mãos é uma preciosidade que deve ser lida com atenção e cuidado, mesmo porque, em cada palavra proferida por Wilson, é possível encontrar piedade, sã doutrina e verdades inquestionáveis à saúde da tão combalida igreja brasileira.

Minha oração é que Deus use esta nova obra do meu querido irmão e amigo Wilson Porte para instruir, corrigir e renovar, bem como para alimentar a alma daquele que foi regenerado pelo Espírito Santo e salvo por Cristo. Oro também em gratidão ao soberano Deus pela vida do Pr. Wilson Porte, que, com esmero, tem se dedicado a ensinar a igreja brasileira, para a glória de Deus, falando aos evangélicos, de forma séria

---

[1] Charles H. Spurgeon, "O Avivamento que Precisamos", disponível em: ministeriofiel.com.br/artigos/o-avivamento-que-precisamos (acesso em: 18/11/2024).

e madura, verdades que não podem ser negligenciadas ou mesma esquecidas.

Que Deus use este livro para a edificação do seu povo e glória do seu nome!

Renato Vargens
Pastor da Igreja Cristã da Aliança (Niterói, RJ)

INTRODUÇÃO

Discipulado é vida na igreja de Cristo. Ser discipulado é um privilégio tão grande quanto discipular. É fruto da graça do Senhor sobre nós. Não obstante a sua tradição dentro do cristianismo, todos que começam a caminhar na fé cristã devem ser discipulados. Não se trata de uma opção, mas de uma ordem. Foi o próprio Cristo quem orientou seus discípulos a fazerem outros discípulos à medida que saíssem pelas nações.

A questão é: como fazer discípulos? Cremos que não podemos converter ninguém. Conversão é milagre, obra da graça de Deus. Já discipulado é obra de seus servos, homens e mulheres, jovens e idosos, servos e servas que tiveram o privilégio de ter um encontro pessoal com Jesus Cristo. Estes, conhecendo outros que também tiveram um encontro com Cristo, recebem do Senhor o privilégio de compartilhar as doutrinas básicas do cristianismo aos recém-convertidos.

Discipulado é mostrar a outros o caminho que um dia aprenderam a seguir. É daí que vem a ideia de *catequese*, que significa "instruir a viva voz". Catequese é a transliteração da palavra grega κατηχέω (*katēcheō*). Esse termo aparece, por exemplo, na Epístola de Paulo aos Gálatas:

> Mas aquele que *está sendo instruído* na palavra faça participante de todas as coisas boas aquele que o *instrui*. (Gl 6.6)

Katēcheō é aqui traduzido pelo verbo "instruir" (cujas duas ocorrências destaquei em itálico no versículo acima). Assim, catequisar é o ato de instruir outros com a mesma instrução com que, um dia, fomos instruídos. Essa mesma palavra aparece oito vezes em sete versículos no Novo Testamento e possui relação estreita com διδαχή (*didachē*), geralmente traduzido como "ensino" ou "instrução".

Cristãos têm, desde o início, instruído uns aos outros nos fundamentos da fé cristã. É assim que a igreja de Cristo tem permanecido até hoje.

Você tem o privilégio de instruir alguém com amor e dedicação, certo de que seu esforço não será vão. Sentar-se com uma pessoa periodicamente para instruí-la nos caminhos do Senhor é um privilégio para nós.

Minha esperança e oração é que, ao longo destas páginas, você e aqueles que você instruirá cresçam em conhecimento e em graça diante da face do Senhor. E, se você está lendo este livro sozinho, com o objetivo de crescer em conhecimento e graça diante do Senhor, peço a Deus, enquanto escrevo estas palavras, que sua vida seja ricamente abençoada após a conclusão de cada capítulo.

Per Christum dilectum meum,

Wilson Porte Jr.
Primavera de 2024

PARTE 1
✟
A LEI

CAPÍTULO 1
A LEI MORAL E A LEI CERIMONIAL

"O pecado original está em nós como a barba. Barbeamo-nos hoje, parecemos apresentáveis e nosso rosto está limpo; amanhã nossa barba cresce de novo, e não para de crescer enquanto permanecemos na terra. De maneira semelhante, o pecado original não pode ser extirpado de nós; ele brotará em nós enquanto vivermos."
— Martinho Lutero

"Sabemos, porém, que a lei é boa, se alguém dela se utiliza de modo legítimo." (1Tm 1.8)

Por que começar este discipulado, ou catequese, falando sobre a Lei? Não vivemos no tempo da graça? Por que, então, a Lei é importante? A Lei é importante pelo fato de ela nos ensinar o que é e o que não é pecado. Conforme o texto bíblico na epígrafe acima, "a lei é boa, se alguém dela se utiliza de modo legítimo". O texto também afirma que a Lei não foi dada por causa de seres humanos perfeitos, mas por causa de seres humanos cheios de erros, falhas, lutas contra vícios e pecados, os quais, muitas vezes, eles mesmos nem sabem que cometem.

A Lei é uma forma de Deus mostrar seu amor por nós. Deus poderia ficar quieto e não dizer nada. Poderia muito bem silenciar e nos deixar em nossa rebeldia e pecados. No fim, seríamos condenados e não poderíamos nos queixar. Porém, para que conhecêssemos o que é pecado e fere a Deus, aquilo que nos mantém na rota da condenação, cujo fim é o inferno, Deus nos deu leis. É por meio delas que sabemos o que agrada ou não a Deus. É por meio dessas leis que sabemos se estamos vivendo correta ou erroneamente.

Isso me lembra a história de um jovem chamado João. Por causa da presença e do conhecimento da Lei em sua vida, João viveu uma das experiências mais marcantes que já conheci. Veja como o conhecimento da Lei pode não somente mostrar ao homem seu pecado, mas preservá-lo de fazer aquilo que ofende a Deus.

João era um jovem cristão comprometido, recém-formado em engenharia de dados. Cheio de entusiasmo, juntou-se a uma promissora empresa de tecnologia que fornecia soluções para grandes corporações. Esse era seu primeiro emprego de verdade, e ele sentia uma mistura de gratidão e responsabilidade ao saber que tinha a chance de crescer em uma carreira que amava, além de contribuir para uma empresa em que acreditava.

Logo nas primeiras semanas, João percebeu que o ambiente era competitivo e exigente. A equipe na qual ele trabalhava estava envolvida em um projeto importante, no qual precisavam analisar dados de uma empresa cliente e produzir relatórios sobre tendências de mercado. Esses relatórios seriam determinantes para uma grande negociação com um potencial parceiro, o que poderia levar a empresa a um novo patamar de sucesso.

No entanto, as coisas começaram a se complicar quando o chefe de João, Roberto, o chamou para uma conversa particular. Com uma expressão séria, Roberto explicou que os dados iniciais do projeto não eram tão favoráveis quanto se esperava. O cliente, segundo ele, provavelmente esperava resultados mais promissores, de modo que Roberto estava receoso de perder a confiança dele — o que poderia impactar não só o contrato, mas também a própria estabilidade financeira da empresa.

Roberto sugeriu que João fizesse alguns "ajustes" nos dados. "Ninguém precisa saber. Podemos modificar alguns números aqui e ali, nada muito drástico", disse o chefe, tentando tranquilizar João. "Só queremos mostrar ao cliente o potencial futuro, entende? Estamos fazendo o que é melhor para todos." O pedido foi direto, e a expectativa de Roberto era clara.

Naquele momento, João sentiu um aperto no peito. Ele sabia que o pedido de Roberto era errado. Sua consciência, guiada pelos princípios que ele aprendera com os ensinamentos cristãos, relembrava-o das palavras de Êxodo 20.16, que condena o falso testemunho, bem como das palavras de Provérbios 11.1: "O Senhor detesta balanças desonestas, mas os pesos justos lhe dão prazer." Ele sabia que manipular os dados não era apenas uma questão técnica; era uma questão de integridade, verdade e confiança.

João foi direto e educado, mas sua voz tremia enquanto explicava que não se sentia confortável em modificar os dados. "Eu entendo a pressão que estamos enfrentando, mas creio que devemos ser honestos com o cliente", disse. "Se tentarmos manipular os dados, podemos até garantir o contrato, mas perderemos algo muito maior: nossa integridade. E, caso o cliente descubra a fraude um dia, a confiança dele em nós será quebrada para sempre."

Roberto, surpreso e um pouco irritado com a reação, tentou pressionar João. "Você é novo aqui e precisa entender como as coisas funcionam no mundo dos negócios", disse o chefe, sem disfarçar a impaciência. "Isso é só uma questão de visão de longo prazo. É uma oportunidade única para nós, João."

João ficou em silêncio por um momento, sentindo o peso das palavras. Ele sabia que manter sua postura poderia custar-lhe o emprego, mas também sabia que sua fé e seus princípios eram o que davam sentido à sua vida. Ele respirou fundo e respondeu: "Roberto, eu agradeço pela oportunidade e pela confiança em mim, mas eu simplesmente não posso ir contra aquilo em que acredito. Prefiro ser honesto e verdadeiro, ainda que isso seja mais difícil agora."

Ao ouvir essa resposta firme, Roberto ficou visivelmente frustrado e pediu que João saísse da sala para "refletir sobre suas prioridades".

Os dias seguintes foram tensos. João começou a sentir o peso da pressão e da incerteza. Ele chegou a se perguntar se havia tomado a decisão correta. E se perdesse o emprego? Ele pediu a Deus sabedoria e forças, lembrando-se das palavras de Jesus em Mateus 5.16: "Assim brilhe também a vossa luz diante dos homens, para que vejam as vossas boas obras e glorifiquem a vosso Pai que está nos céus."

Para sua surpresa, depois de alguns dias, Roberto o chamou novamente à sala. Mas, dessa vez, havia uma mudança na atitude de seu chefe. Roberto disse a João que, após refletir, percebeu que talvez o jovem tivesse razão. Ele admitiu que havia tentado resolver a situação de uma maneira precipitada e que a integridade de João era algo raro. "Você me fez lembrar o motivo por que entrei nesta empresa", disse Roberto. "Eu comecei querendo fazer a coisa certa, mas acho que perdi esse ideal em algum ponto do caminho."

Roberto decidiu que o relatório final seria apresentado com total honestidade. No fim, eles conseguiram o contrato justamente porque o cliente reconheceu a transparência da empresa e o compromisso da equipe com a verdade. O exemplo de João também gerou uma nova cultura de ética e confiança entre os colegas, que passaram a valorizá-lo como alguém íntegro e confiável.

Alguns meses depois, João foi promovido. A empresa reconheceu que o compromisso dele com a verdade e integridade era exatamente o tipo de qualidade que se queria incentivar. Para João, essa situação foi mais do que uma vitória profissional; foi a confirmação de que, ao permanecer fiel aos ensinamentos de sua fé, ele não apenas manteve sua consciência tranquila, mas também trouxe glória a Deus em um ambiente que poderia facilmente ter comprometido seus valores.

O exemplo de João é apenas um, entre muitos, em que o conhecimento da Lei desempenhou um papel decisivo na vida. Voltando ao texto que mencionei no início deste capítulo, Paulo escreve a Timóteo:

> Sabemos, porém, que a lei é boa, se alguém dela se utiliza de modo legítimo, tendo em vista que não se promulga lei para quem é justo, mas para transgressores e rebeldes, irreverentes e pecadores, ímpios e profanos, parricidas e matricidas, homicidas, impuros, sodomitas, raptores de homens, mentirosos, perjuros e para tudo quanto se opõe à sã doutrina, segundo o evangelho da glória do Deus bendito, do qual fui encarregado. (1Tm 1.8-11)

A Lei, então, foi dada para "transgressores e rebeldes, irreverentes e pecadores, ímpios e profanos, parricidas (pessoas que matam o pai) e matricidas (aqueles que matam a própria mãe), impuros, sodomitas (homossexuais), raptores de homens (pessoas ligadas ao tráfico de escravos ou ligadas a sequestros), mentirosos, perjuros (os que juram falsamente) e para tudo quanto se opõe à sã doutrina (pessoas que se opõem à Bíblia)".

Deus deu a Lei para que todas essas pessoas saibam que estão desobedecendo àquele que as criou. Há algo errado com suas vidas; alguma coisa precisa mudar. Essa é exatamente a primeira informação que Deus deseja que saibamos quando buscamos retornar a ele e conhecê-lo em sua Palavra.

A LEI

Todos sabemos o que é lei. Conhecemos as leis de trânsito, as leis e regras de uma escola ou empresa, as leis relacionadas ao comércio etc. Sem lei, não há ordem. Sem lei, ninguém poderá dizer que matar um ser humano é errado. É a lei que diz o que é e o que não é errado, o que é permitido e o que é proibido. Ainda que as leis humanas sejam imperfeitas, "a lei do Senhor é perfeita e restaura a alma" (Sl 19.7)

Deus nos apresenta dois tipos de lei no Antigo Testamento. É importantíssimo que entendamos isso. A primeira é a lei moral, e a segunda é a lei cerimonial. Uma ainda está em voga, enquanto a outra deixou de existir e de funcionar desde o momento em que Cristo ressuscitou.

A lei moral

A lei moral é retratada nos Dez Mandamentos. Essas são leis que nunca deverão acabar, leis que estarão vigentes enquanto seres humanos existirem. Vamos ler os Dez Mandamentos?

> Então, falou Deus todas estas palavras: Eu sou o Senhor, teu Deus, que te tirei da terra do Egito, da casa da servidão.
> Não terás outros deuses diante de mim.
> Não farás para ti imagem de escultura, nem semelhança alguma do que há em cima nos céus, nem embaixo na terra, nem nas águas debaixo da terra. Não as adorarás, nem lhes darás culto; porque eu sou o Senhor, teu Deus, Deus zeloso, que visito a iniquidade dos pais nos filhos até à terceira e quarta geração daqueles que me aborrecem e faço misericórdia até mil gerações daqueles que me amam e guardam os meus mandamentos.
> Não tomarás o nome do Senhor, teu Deus, em vão, porque o Senhor não terá por inocente o que tomar o seu nome em vão.
> Lembra-te do dia de sábado, para o santificar. Seis dias trabalharás e farás toda a tua obra. Mas o sétimo dia é o

sábado do Senhor, teu Deus; não farás nenhum trabalho, nem tu, nem o teu filho, nem a tua filha, nem o teu servo, nem a tua serva, nem o teu animal, nem o forasteiro das tuas portas para dentro; porque, em seis dias, fez o Senhor os céus e a terra, o mar e tudo o que neles há e, ao sétimo dia, descansou; por isso, o Senhor abençoou o dia de sábado e o santificou.

Honra teu pai e tua mãe, para que se prolonguem os teus dias na terra que o Senhor, teu Deus, te dá.

Não matarás.

Não adulterarás.

Não furtarás.

Não dirás falso testemunho contra o teu próximo.

Não cobiçarás a casa do teu próximo. Não cobiçarás a mulher do teu próximo, nem o seu servo, nem a sua serva, nem o seu boi, nem o seu jumento, nem coisa alguma que pertença ao teu próximo. (Êx 20.1-7; veja Dt 5.7-21)

Deus deu essas leis para Moisés no Monte Sinai. Deus as escreveu em duas placas de pedra e ordenou que Moisés as lesse e ensinasse ao povo. Originalmente, os Dez Mandamentos se chamavam "As Dez Palavras" — ou, simplesmente, "Decálogo". Êxodo 31.18 diz que o próprio dedo de Deus escreveu estas leis:

> E, tendo acabado de falar com ele no monte Sinai, deu a Moisés as duas tábuas do Testemunho, tábuas de pedra, escritas pelo dedo de Deus.

A lei moral e a lei cerimonial

Quando Moisés desceu do Monte Sinai para ler e entregar as tábuas ao povo, horrorizou-se com a idolatria que havia tomado conta. Muito irritado, acabou quebrando as duas tábuas de pedra que Deus dera e sobre as quais escrevera com seu próprio dedo:

> Logo que se aproximou do arraial, viu ele o bezerro e as danças; então, acendendo-se-lhe a ira, arrojou das mãos as tábuas e quebrou-as ao pé do monte... (Êx 32.19)

Por compaixão, em uma segunda ocasião em que Moisés esteve com o Senhor, este reescreveu as leis em placas de pedra feitas pelo libertador de Israel:

> Então, disse o Senhor a Moisés: Lavra duas tábuas de pedra, como as primeiras; e eu escreverei nelas as mesmas palavras que estavam nas primeiras tábuas, que quebraste. (Êx 34.1)

Assim, Deus deu as chamadas leis morais, aquelas que deveriam ser seguidas pelo povo em todo tempo e lugar. As leis morais não foram abolidas, ao contrário das leis cerimoniais.

Leis cerimoniais

As leis cerimoniais são aquelas relacionadas ao culto no tabernáculo ou no templo em Israel. Via de regra, elas apontavam para Jesus Cristo. Normalmente, estão relacionadas ao sangue, aos cordeiros, aos sacrifícios, aos alimentos proibidos etc. São leis relacionadas à vinda de Cristo e que apontavam para a santidade e seriedade com que o povo devia viver (há vários exemplos no livro de Levítico, como a lei do holocausto

[Lv 6.8], a lei da oferta pelo pecado [Lv 6.24], a lei da oferta pela culpa [Lv 7.1], a lei das ofertas pacíficas [Lv 7.11] e outras)

Essas leis cerimoniais duraram até a morte de Cristo na cruz do Calvário, após o que todas elas foram abolidas. Visto que o perfeito Cordeiro de Deus já se manifestou, não há mais a necessidade de leis que apontem para ele, nem para o seu sangue, nem para o seu sacrifício, nem para o alimento puro que ele é. Nenhum cordeiro, sangue ou sacrifício é ainda necessário. É por isso que não sacrificamos animais após a morte e ressurreição de nosso Salvador.

Quando o véu no Templo de Jerusalém se rasgou de alto a baixo, toda a lei cerimonial do Antigo Testamento (especialmente localizadas no livro de Levítico, mas não só nele) foi abolida. No entanto, elas continuam nos lembrando o nível de seriedade que Deus exigia daqueles que desejam aproximar-se dele. Graças a Deus, nenhum sacrifício é mais necessário, pois Jesus Cristo foi finalmente sacrificado em nosso lugar.

Com a obra perfeita da redenção, Jesus Cristo aboliu todas as leis cerimoniais, mas não as leis morais.

CONCLUSÃO

É importante que aquele que se aproxima de Deus a fim de conhecê-lo verdadeiramente compreenda o papel da Lei na Bíblia Sagrada. Ela apenas serve para nos conduzir a Cristo ("o fim da lei é Cristo" [Rm 10.4]; veja também Rm 7.7-14)

Nunca alguém será capaz de cumprir perfeitamente toda a Lei, seja a cerimonial, seja, sobretudo, a moral. Todos já tropeçaram em algum ponto da Lei (veja Rm 3.10-12). Todos já se viram mentindo ou cobiçando um carro, ou uma roupa, ou um corpo, ou uma posição. Todos já desobedeceram ao pai e à mãe, já usaram o nome de Deus em vão e já deixaram de guardar um dia da semana para buscá-lo com intensidade.

Assim, todos nós aprendemos com a Lei, especialmente os Dez Mandamentos, que somos incapazes de agradar a Deus, que somos transgressores, ou seja, pecadores. Como pecadores, somos condenados. Como condenados, devemos pagar pelos nossos erros. E esse pagamento é a eternidade no inferno. Já que pecamos contra o Eterno, devemos ser julgados e "cumprir pena" no lugar conhecido como "lago de fogo" (Ap 20.14-15; 21.8).

No entanto, pela graça de Deus, Jesus Cristo veio ao mundo para cumprir a nossa pena, para pagar pelos nossos erros, para ser condenado e sacrificado em nosso lugar. Por amor, Deus enviou seu Filho para que todo aquele que nele crer não pereça eternamente no inferno, mas obtenha perdão e vida eterna com Deus (Jo 3.16).

A Lei, assim, apenas nos esclarece quanto à razão de nossa condenação, caso não entreguemos nossas vidas a Cristo Jesus, não o recebamos em nosso coração (Jo 1.12), não morramos para este mundo e não passemos a seguir a Cristo com amor e gratidão. Assim, a Lei se encerra onde o conceito deste versículo começa:

> Então, disse Jesus a seus discípulos: Se alguém quer vir após mim, a si mesmo se negue, tome a sua cruz e siga-me. Porquanto, quem quiser salvar a sua vida perdê-la-á; e quem perder a vida por minha causa achá-la-á. Pois que aproveitará o homem se ganhar o mundo inteiro e perder a sua alma? Ou que dará o homem em troca da sua alma?
> (Mt 16.24-26)

ASSIMILANDO

1. Escreva os Dez Mandamentos abaixo:

1. _____
2. _____
3. _____
4. _____
5. _____
6. _____
7. _____
8. _____
9. _____
10. _____

2. Os Dez Mandamentos são parte da lei moral ou da lei cerimonial?
_____

3. Quando as leis cerimoniais expiraram?
_____
_____
_____

4. Por que Deus nos deu leis?
_____
_____
_____
_____

PARA O PRÓXIMO ENCONTRO

1. Leia Mateus 19.16-22, Marcos 10.17-22 e Lucas 18.18-23.

2. Na história registrada nos textos acima, Jesus viu que o ídolo do jovem era o dinheiro. Ele era muito rico. Jesus apenas pediu a ele que abandonasse o que, até aquele momento, controlava sua vida. Se hoje você se encontrasse com Jesus, qual ídolo em sua vida o Senhor Jesus pediria para você abandonar?

_____
_____
_____
_____

3. Ore pelos seguintes motivos:
a) Para que Deus o ajude a começar uma vida especial com ele.
b) Para que Deus use a vida de quem está estudando este livro com você para instruí-lo no caminho da fé.
c) Para que Deus o ajude a abandonar tudo aquilo que rouba o lugar dele em sua vida.

CAPÍTULO 2
QUATRO MANDAMENTOS RELACIONADOS A DEUS

"E quando Jesus ouviu isto, disse-lhe: Ainda te falta uma coisa; vende tudo quanto tens, reparte-o pelos pobres, e terás um tesouro no céu; vem, e segue-me." (Lc 18.22)

Os Dez Mandamentos podem ser divididos em duas partes. A primeira, composta pelos quatro primeiros mandamentos, diz respeito a Deus. Trata-se de leis ligadas ao nosso relacionamento com ele. A segunda parte é composta pelos últimos seis mandamentos, que estão ligados ao nosso relacionamento com outros seres humanos — leis que devemos respeitar com relação ao nosso próximo.

Os quatro primeiros mandamentos, ligados a Deus, são estes (Êx 20.3-11):

Primeiro mandamento
Não terás outros deuses diante de mim.

Segundo mandamento
Não farás para ti imagem de escultura, nem semelhança alguma do que há em cima nos céus, nem embaixo na terra, nem nas águas debaixo da terra. Não as adorarás,

nem lhes darás culto; porque eu sou o Senhor, teu Deus, Deus zeloso, que visito a iniquidade dos pais nos filhos até à terceira e quarta geração daqueles que me aborrecem e faço misericórdia até mil gerações daqueles que me amam e guardam os meus mandamentos.

Terceiro mandamento
Não tomarás o nome do Senhor, teu Deus, em vão, porque o Senhor não terá por inocente o que tomar o seu nome em vão.

Quarto mandamento
Lembra-te do dia de sábado, para o santificar. Seis dias trabalharás e farás toda a tua obra. Mas o sétimo dia é o sábado do Senhor, teu Deus; não farás nenhum trabalho, nem tu, nem o teu filho, nem a tua filha, nem o teu servo, nem a tua serva, nem o teu animal, nem o forasteiro das tuas portas para dentro; porque, em seis dias, fez o Senhor os céus e a terra, o mar e tudo o que neles há e, ao sétimo dia, descansou; por isso, o Senhor abençoou o dia de sábado e o santificou.

Analisaremos abaixo cada uma dessas quatro diretrizes que Deus dá com respeito ao nosso relacionamento com ele mesmo.

NÃO TER OUTROS DEUSES (PRIMEIRO MANDAMENTO)

Muitas pessoas acreditam não ser possível existirem mais deuses. Especialmente se você é um cristão, naturalmente deve crer que existe um só Deus e que a idolatria é impossível dentro do cristianismo. No entanto, como veremos, mesmo para os cristãos, a idolatria continua a ser um desafio diário.

Idolatria não tem a ver apenas com construir imagens de seres humanos ou animais e prestar culto a elas. Idolatria tem a ver com colocar qualquer coisa no lugar devido exclusivamente a Deus. Assim, toda vez que você coloca algo no lugar de Deus, você comete idolatria.

Idolatria, então, pode ser encontrada nos mais diferentes vícios que os seres humanos têm — bebidas, entretenimento (televisão, jornais, filmes, seriados etc.), comida, cigarro, drogas, esportes, diplomas, dinheiro e assim sucessivamente. Se há algo em sua vida mais importante do que Deus, você é um idólatra. Se a falta de alguma dessas coisas lhe traz ansiedade, medo e sentimentos de morte, você está cometendo idolatria.

Faça um teste: se lhe tirarem a internet, como você se sentiria? Ou como você ficaria se lhe roubassem todo o dinheiro ou se perdesse seu emprego? Se lhe chamassem para uma diversão que acontece semanalmente no mesmo horário de um culto, como você reagiria? Se qualquer uma dessas coisas é mais importante do que Deus em sua vida, você tem cometido idolatria.

Outra forma de termos "outros deuses" em nossas vidas é quando criamos um perfil de Deus em nossa mente que difere consideravelmente do Deus da Sagrada Escritura. Quando fazemos uma afirmação sobre Deus, mas não sabemos se, de fato, a Bíblia a corrobora, podemos cometer idolatria, na medida em que criamos em nossa mente um deus que é diferente do Deus da Bíblia.

Alguém pode, por exemplo, dizer: "Não acredito que Deus enviará pessoas ao inferno. Para mim, Deus é só amor e perdoará todas as pessoas no fim". Entretanto, a pergunta que todos devemos fazer é: "É isso que a Bíblia diz?" Se não for, criamos uma divindade em nossa cabeça. O Deus verdadeiro, porém, deixou muito claro que não devemos ter outros deuses diante dele.

O primeiro mandamento só nos mostra quão importante é conhecermos melhor a Deus por meio da Bíblia e adorá-lo por quem ele é de fato.

NÃO SE CURVAR DIANTE DE UMA IMAGEM DE ESCULTURA (SEGUNDO MANDAMENTO)

Desde o início da humanidade, pessoas se curvam diante de imagens. Na Bíblia, vemos o próprio povo de Deus criando uma divindade que tinha a forma de um bezerro, que foi confeccionado enquanto Moisés conversava com o Senhor no Monte Sinai. Após terminarem de fazer a imagem, curvaram-se diante dela e a adoraram, como se tivesse sido ela a responsável por libertá-los do Egito (Êx 32.1-8).

Não só naquele tempo, mas ainda hoje, pessoas se curvam diante de imagens de homens, mulheres e animais, reverenciando-as como se fossem mediadores entre os seres humanos e uma divindade maior.

É importante compreendermos que a Bíblia não proíbe a confecção de imagens em si, mas a confecção de imagens com o fim de nos curvarmos diante delas, como se fossem ou representassem deuses. O próprio Deus ordenou que seu povo fizesse a imagem de uma serpente de metal no deserto:

Quatro mandamentos relacionados a Deus

> Disse o Senhor a Moisés: Faze uma serpente abrasadora, põe-na sobre uma haste, e será que todo mordido que a mirar viverá. Fez Moisés uma serpente de bronze e a pôs sobre uma haste; sendo alguém mordido por alguma serpente, se olhava para a de bronze, sarava. (Nm 21.8-9)

Portanto, o erro não está na imagem em si, que não é nada senão gesso, pedra ou madeira. O pecado está na fabricação de imagens com o objetivo de nos curvarmos diante delas. O erro está em nosso coração sem Deus. Com efeito, mais tarde na história bíblica, essa mesma serpente de bronze foi transformada em objeto de adoração, de maneira que o rei Ezequias se viu forçado a destruí-la (2Rs 18.4).

Segundo a Bíblia, quem adora imagens de escultura acaba se tornando semelhante a elas:

> Prata e ouro são os ídolos deles,
> obra das mãos de homens.
> Têm boca e não falam;
> têm olhos e não veem;
> têm ouvidos e não ouvem;
> têm nariz e não cheiram.
> Suas mãos não apalpam;
> seus pés não andam;
> som nenhum lhes sai da garganta.
> Tornem-se semelhantes a eles os que os fazem
> e quantos neles confiam.
> Israel confia no Senhor;
> ele é o seu amparo e o seu escudo. (Sl 115.4-9; veja Is 44.9-18; 45.20)

NÃO TOMAR O NOME DE DEUS EM VÃO (TERCEIRO MANDAMENTO)

O terceiro mandamento nos ensina que o nome de Deus deve sempre ser mantido em alta conta em nossos lábios e corações. Nunca podemos usar nossos lábios para falar de Deus jocosamente, fazendo piadas inúteis, associando-o a palavrões. O nome de Deus é santo e deve ser santificado em nossos lábios e palavras (Sl 1.1-3).

Desde sempre, seres humanos e demônios têm blasfemado contra o nome de Deus ou o usam indevidamente. Quando, por exemplo, a serpente no Jardim do Éden enganou a Eva, disse:

> Mas a serpente, mais sagaz que todos os animais selváticos que o Senhor Deus tinha feito, disse à mulher: É assim que Deus disse: Não comereis de toda árvore do jardim? Respondeu-lhe a mulher: Do fruto das árvores do jardim podemos comer, mas do fruto da árvore que está no meio do jardim, disse Deus: Dele não comereis, nem tocareis nele, para que não morrais. Então, a serpente disse à mulher: É certo que não morrereis. (Gn 3.1-4)

A serpente, nesse texto, usa o nome de Deus em vão, tentando desacreditá-lo e convencer Eva a não o levar sério. Assim, uma de tantas formas de usarmos o nome sagrado de maneira vã, vazia, inútil e errada consiste em atribuirmos a Deus algo que ele nunca disse ou que nunca poderia dizer, pois não convém ao seu caráter.

Além do próprio diabo, encontramos em muitas passagens da Sagrada Escritura homens e mulheres falando de

Deus de uma maneira totalmente vã ou mesmo blasfemando contra o seu santo nome (exemplos de pessoas que blasfemaram: 2Cr 32.7, Is 1.4, Isa 52.5, Mt 27.39; falsos profetas que usaram o nome de Deus em vão: Jr 5.31; Jr 14.14; Mt 24.11,24).

Todos devemos ter respeito pelo nome que é sobre todo nome (Fp 2.9-10). Todos devemos honrá-lo com nossas vidas e palavras. Não podemos ser escorregadios com o que dizemos, pois nossas palavras são muito importantes para Deus.

GUARDAR O SÁBADO
(QUARTO MANDAMENTO)

É importante que nos lembremos de que o sábado se encontra dentro das leis morais. Portanto, ele não foi abolido. Precisamos, contudo, entender muito bem esse sagrado dever, a fim de que não caiamos no mesmo erro em que caíram os judeus, de forma a não entendermos o *sensus plenior* (o sentido mais completo, pleno, isto é, o significado mais profundo pretendido por Deus) do quarto mandamento.

A guarda do sétimo dia encontra-se nos Dez Mandamentos e está relacionada ao descanso após seis dias de trabalho. Todavia, embora se encontre dentro das leis morais, o sábado (no Antigo Testamento) era repleto de elementos cerimoniais, os quais foram abolidos por ocasião da morte de Cristo. Porém, o aspecto moral — ou seja, que cessemos nossos esforços após seis dias trabalhados — não foi abolido. Em suma, o dia de descanso não foi abolido, mas os elementos cerimoniais que ele envolvia o foram.

O apóstolo Paulo afirma aos colossenses que ninguém devia julgá-los por causa da comida, bebida, dia de festa, lua nova ou sábado (Cl 2.16-17). Por quê? Porque essas coisas eram, segundo o apóstolo, sombra das que haviam de vir (Cristo). O que constituía a sombra? O descanso em si? Certamente não. A sombra eram os elementos cerimoniais relacionados a esse dia e o modo supersticioso como os judeus o tratavam.

O descanso do sétimo dia envolvia uma devoção pessoal a Deus de um modo mais dedicado do que durante os seis dias de trabalho. Havia, de fato, na época de Jesus, um invólucro supersticioso que cercava o sábado. A santa devoção requerida tornou-se mera superstição, como se o simples fato de não trabalhar no sábado já fosse um culto a Deus.

Calvino, comentando essa realidade em suas *Institutas da Religião Cristã*, afirma que, em seu tempo, muitos desejavam fazer o mesmo com o domingo.[1] Muitos contemporâneos do reformador eram tão supersticiosos quanto certos grupos judaicos da época da Antiga Aliança. Elas guardavam o domingo (ou sábado) simplesmente porque entendiam que esse era um mandamento de Deus, sem, todavia, compreenderem o que Deus pretendia com esse "descanso". Dessa maneira, esses homens em nada diferiam dos antigos fariseus.

Segundo o *Dicionário VINE*, a palavra "sábado" vem de uma raiz que tem a ver com "cessação de atividade", e não com "relaxamento ou repouso".[2] É óbvio que, com a cessação das atividades, vem o descanso. Mas esse descanso não deve estar relacionado necessariamente ao cansaço físico. Deus descansou em um *shabat* (Gn 2.1-3). Embora ele não estivesse cansado, cessou sua atividade criadora.

---

1 João Calvino, *As Institutas*, vol. 2 (São Paulo: Editora Cultura Cristã, 2006), p. 34.
2 W. E. Vine, *Vine's Expository Dictionary of Old and New Testament Words* (Old Tappan: Revell, 1981), 3:311.

Assim, o *sensus plenior* do sábado é destinar um dia ao descanso e à devoção ao Senhor, privando-nos, dentre outras coisas, de nos envolvermos de tal modo com este mundo que abandonemos completamente uma vida diária de comunhão com Deus.

João Crisóstomo cria que o sábado havia sido substituído pelo domingo, o Dia do Senhor.[3] Calvino, comentando 1Coríntios 16.2, afirma que não precisamos pensar assim. Calvino diz:

> É bem provável que no princípio os apóstolos retivessem o dia que já lhes era familiar, mas que, mais tarde, as observâncias escrupulosas dos judeus os forçaram a desistir dele e substituí-lo por outro [dia]. Ora, o Dia do Senhor foi escolhido em preferência a todos os demais, visto que a ressurreição de nosso Senhor pôs fim às sombras da lei. Portanto, este dia nos leva a recordar de nossa liberdade cristã.[4]

O que vemos no Novo Testamento são os apóstolos se valendo do domingo (o Dia do Senhor) para seus encontros de adoração (At 20.7; 1Co 16.2). Todos também devemos guardar um dia da semana, seja o próprio domingo, seja outro dia. Deus espera que descansemos em sua presença, buscando-o de modo mais profundo do que nos demais dias da semana. Não cumprir isso é quebrar a Lei. Portanto, não negligencie esse dever.

---

[3] Joseph L. Trafton, "Lord's Day, The", em *Evangelical Dictionary of Biblical Theology*, ed. Walter A. Elwell (Grand Rapids: Baker Book House, 1996), p. 488-89.
[4] João Calvino, *1Coríntios*, Série Comentários Bíblicos (São José dos Campos: Editora Fiel, 2013), p. 585.

CONCLUSÃO

Veja como é fácil quebrarmos a Lei de Deus. Por meio de atos corriqueiros, desonramos a Deus, desobedecendo aos seus mandamentos. Devemos, então, estar atentos a cada um deles, pois nos ajudam a viver de modo mais feliz e seguro. Fomos criados por Deus, e só ele sabe melhor como temos de viver.

Quando Deus nos diz "não", isso é para nossa proteção. O "não" é um dom amoroso de Deus. Ele nos diz "não" para nos guardar da condenação, do egoísmo e da maldade que há dentro de nós. Dar ouvidos aos conselhos dele fará de nós pessoas mais sábias e que vivem em paz. Dar ouvidos aos "nãos" de Deus é verdadeira libertação!

ASSIMILANDO

1. Escreva os quatro primeiros mandamentos abaixo:

   1. _____
   2. _____
   3. _____
   4. _____

2. Cite uma forma de você ter outros deuses em seu coração.
   _____
   _____

3. Quando alguém se curva diante de uma imagem, no que esta pessoa se transforma?
   _____
   _____

4. O que dizemos (nossas palavras) é importante para Deus? Explique.
_____
_____

5. Devemos guardar o "sábado" apenas no sábado?
_____
_____

PARA O PRÓXIMO ENCONTRO

1. Leia Êxodo 20.13-17 e Deuteronômio 5.17-21.

2. Quais dos pecados listados nas passagens bíblicas acima você tem cometido? Em qual você tem maior dificuldade?
_____
_____
_____
_____

3. Ore pelos seguintes motivos:
a) Para que Deus o ajude a obedecer a suas leis.
b) Agradeça a Deus por ter enviado Jesus Cristo para morrer na cruz em seu lugar e pagar o preço pelos seus pecados.
c) Caso ainda não tenha recebido a Cristo como seu Senhor e Salvador, faça isso agora mesmo, confessando seus pecados, entregando sua vida a ele, dizendo que deseja recebê-lo em seu coração e pedindo a ele que o receba como um filho.

CAPÍTULO 3
SEIS MANDAMENTOS RELACIONADOS AO PRÓXIMO

"Amados, amemo-nos uns aos outros, porque o amor procede de Deus; e todo aquele que ama é nascido de Deus e conhece a Deus. Aquele que não ama não conhece a Deus, pois Deus é amor." (1Jo 4.7-8)

Os próximos seis mandamentos estão relacionados ao próximo. Quem é nosso próximo? O próximo é toda pessoa com quem você convive — desde sua esposa ou marido, pai ou mãe, filhos, vizinhos, colegas de trabalho ou escola, até pessoas com quem você tem contato rápido e superficial ao longo do dia, como alguém sentado ao seu lado no ônibus (veja Lc 10.25-37).

Se não houvesse leis que regulassem a convivência humana, o mundo seria uma bagunça. É graças a essas leis que podemos conviver saudável e pacificamente, seja dentro de casa, seja dentro de uma nação.

Os seis últimos mandamentos, ligados ao próximo, são (Êx 20.12.17):

Quinto mandamento
Honra teu pai e tua mãe, para que se prolonguem os teus dias na terra que o Senhor, teu Deus, te dá.

Sexto mandamento
Não matarás.

Sétimo mandamento
Não adulterarás.

Oitavo mandamento
Não furtarás.

Nono mandamento
Não dirás falso testemunho contra o teu próximo.

Décimo mandamento
Não cobiçarás a casa do teu próximo. Não cobiçarás a mulher do teu próximo, nem o seu servo, nem a sua serva, nem o seu boi, nem o seu jumento, nem coisa alguma que pertença ao teu próximo.

Vamos analisar um a um?

HONRAR PAI E MÃE
(QUINTO MANDAMENTO)

O quinto mandamento é o primeiro com promessa (Ef 6.1). Não sabemos ao certo como honrar pai e mãe está ligado à prolongação dos dias sobre a terra, mas o fato é que o Senhor diz claramente que, se quisermos honrá-lo, devemos honrar pai e mãe. Isso nos dará uma maior longevidade e, creio eu, melhores dias sobre a terra.

Como, porém, honramos pai e mãe? Apenas por meio da obediência a eles? Parece-me que não. Existem muitas formas de honrarmos nossos pais, mas as resumo aqui em três deveres que estão tão em falta em nossos dias.

Não os envergonhar

Envergonhamos nossos pais quando nossas atitudes são diferentes das que deles aprendemos, quando agimos contrariamente às suas orientações e conselhos, quando fazemos algo que nunca faríamos se eles estivessem nos observando.

Trazer vergonha aos pais é uma forma de desonrá-los, e, quando o fazemos, quebramos a Lei de Deus e nos tornamos condenáveis diante dele. Precisamos pagar pela nossa transgressão. Já que pecamos contra o Eterno, devemos pagar por toda a eternidade. É aqui que a pessoa bendita de nosso Senhor Jesus Cristo entra. É sempre necessário trazer à mente que ele veio para pagar e cumprir nossa pena. É óbvio que toda a extensão da eternidade não caberia naquela cruz. No entanto, toda a intensidade do abandono, maldição e sofrimento que teríamos na eternidade foi lançada sobre Cristo durante as seis horas nas quais ele agonizou na cruz em nosso lugar. Sem Cristo, todo aquele que desonra seu pai e sua mãe é merecedor do fogo do inferno.

Não os abandonar

Outra forma de não honrarmos pai e mãe é os abandonando. Quando sabemos que carecem de socorro e ajuda, mas, mesmo assim, lhes damos as costas, como se fossem inimigos, nós os abandonamos. Cristo, no entanto, ordenou que orássemos até mesmo pelos nossos inimigos e lhes estendêssemos a mão caso tivessem algum tipo de necessidade (Lc 6.27-29). Quanto mais solicitude e prontidão devemos a um pai e uma mãe!

Esse é um pecado cometido quase sempre na fase adulta da vida, geralmente após sairmos de casa por conta dos estudos, trabalho ou casamento. Podemos ter a impressão de que, uma vez que já somos adultos, não devemos mais honrar nossos pais. Ledo engano.

É justamente na velhice de nossos pais que mais devemos honrá-los, sobretudo na última fase da vida, quando suas vistas não funcionarem tão bem quanto na juventude, quando suas pernas se enfraquecerem, quando seus braços perderem o vigor, quando sua memória falhar a ponto de eles se esquecerem de que somos seus filhos. Essa é a hora em que mais devemos honrá-los, protegendo-os, amando-os e cuidando deles até seu último suspiro.

Quando você abandona seus pais em sua velhice, peca contra Deus e, mais uma vez, quebra a sua Lei.

Não lhes desobedecer

Por fim, a desobediência é a forma mais conhecida de desonrar pai e mãe. Todos nós sabemos bem o que é desobedecer aos pais e como fazemos isso. Porém, o que todos precisamos ter em mente é que a desobediência é uma forma de quebrar a Lei de Deus, um ato passível de condenação. Desobedecer a pai e mãe, em última análise, é desobedecer ao próprio Deus, que nos ordenou que lhes obedecêssemos.

NÃO MATAR
(SEXTO MANDAMENTO)

Pensava-se, no tempo de Jesus, que matar significava apenas tirar a vida de alguém. Realmente, é isso que muitas pessoas pensam. Todos concordam com a ideia de que matar é assassinar o próximo. As leis de nosso país, por exemplo, falam de dois tipos de homicídio: doloso (quando há intenção) ou culposo (quando não há intenção, como nos casos de negligência, imprudência ou imperícia).

No entanto, para Jesus, matar dolosamente é apenas a ponta do iceberg. Por baixo da superfície é que se acha o real problema do assassinato, cuja fonte está no nosso coração. Contudo, os fariseus, judeus religiosos do tempo de Jesus, não pensavam assim. Eles não haviam compreendido corretamente o sexto mandamento.

Jesus, então, esclareceu para eles o significado do "não matarás":[5]

> Ouvistes que foi dito aos antigos: Não matarás; e: Quem matar estará sujeito a julgamento.
>
> Eu, porém, vos digo que todo aquele que [sem motivo] se irar contra seu irmão estará sujeito a julgamento; e quem proferir um insulto a seu irmão estará sujeito a julgamento do tribunal; e quem lhe chamar: Tolo, estará sujeito ao inferno de fogo.
>
> Se, pois, ao trazeres ao altar a tua oferta, ali te lembrares de que teu irmão tem alguma coisa contra ti, deixa perante o altar a tua oferta, vai primeiro reconciliar-te com teu irmão, e, então, voltando, faze a tua oferta. (Mt 5.21-24)

Para Jesus, o assassinato começa no coração. É por isso que ele diz que quem odiar outra pessoa já a matou em seu coração. Tirar a vida de outro é só uma questão de tempo e consequência para quem já nutre ódio em seu peito.

---

[5] Veja também 1João 3.15 "Todo aquele que odeia a seu irmão é assassino".

Para Deus, mais importantes do que as consequências são as causas. É "do coração dos homens é que procedem [...] os homicídios" (Mc 7.21). Deus não atenta para os galhos, mas para a raiz. É na raiz de nossas ações que Deus deseja trabalhar e causar mudanças. É em nosso coração que Deus pretende mudar coisas.

Um ódio deve ser resolvido conforme a orientação da Palavra de Deus: procuramos a pessoa que nos ofendeu e nos reconciliamos com ela (leia Mt 18.15-18 e reflita sobre o texto). Deus espera que busquemos a paz e resolução dos problemas:

> Segui a paz com todos e a santificação, sem a qual ninguém verá o Senhor... (Hb 12.14)

Sua tarefa é buscar a paz com todas as pessoas, ainda que elas não a aceitem. Se não quiserem ter paz com você, esse não é problema seu, mas delas. Você deve fazer a sua parte, que é buscar a paz com todos. Se corresponderem, ótimo. Se não corresponderem, darão contas a Deus. Faça sempre o que lhe cabe, nunca atentando contra a vida de ninguém, nem mesmo em seu coração.

NÃO ADULTERAR
(SÉTIMO MANDAMENTO)

O sétimo mandamento é um eco do anterior. Veja as palavras de Jesus sobre isso:

> Ouvistes que foi dito: Não adulterarás. Eu, porém, vos digo: qualquer que olhar para uma mulher com intenção impura, no coração, já adulterou com ela.

Seis mandamentos relacionados ao próximo

Se o teu olho direito te faz tropeçar, arranca-o e lança-o de ti; pois te convém que se perca um dos teus membros, e não seja todo o teu corpo lançado no inferno. E, se a tua mão direita te faz tropeçar, corta-a e lança-a de ti; pois te convém que se perca um dos teus membros, e não vá todo o teu corpo para o inferno. (Mt 5.27-30)

Onde começa o adultério? À semelhança do assassinato, começa no coração. O fato de alguém ter relações sexuais com uma pessoa que não é sua esposa ou marido é apenas a ponta do iceberg. Mais uma vez, é no coração que tudo começa (Mc 7.21-23; Tg 4.1)

Para os fariseus, adulterar significava apenas ter relações fora do casamento, embora a Bíblia seja clara quanto ao assunto. Jesus, então, lhes garante que, para Deus, quando alguém olha para o corpo de outra pessoa e o cobiça, cometeu adultério.

Isso parece pesado demais, não é? Mas o problema é que o adultério começa justamente no coração (assim como nos olhos e ouvidos). É por isso que devemos guardar nosso coração para que não cheguemos ao ponto de quebrarmos a Lei de Deus, seja no coração, seja na prática.

Quando Jesus nos ordena que arranquemos os membros que nos fazem tropeçar, faz uso de linguagem figurada. Essa imagem apenas comunica que você deve tirar de sua vida tudo aquilo que possa levá-lo ao adultério. Corte de sua vida sites da internet, programas de TV, aplicativos, seriados, filmes, revistas e até mesmo pessoas que, de alguma forma, o levem ao adultério. Esconda a Palavra de Deus em seu coração para não pecar contra ele (Sl 119.11).

NÃO FURTAR
(OITAVO MANDAMENTO)

Deus espera que vivamos contentes com o que temos. Se ele nos der mais, quer que aprendamos a repartir, mas, caso não nos aumente os bens, temos de aprender a viver contentes com o que dele temos recebido, crendo que ele nunca nos deixará faltar nada.

Aqui estão apenas alguns versículos bíblicos que falam sobre pobreza e riqueza:

> O irmão, porém, de condição humilde glorie-se na sua dignidade, e o rico, na sua insignificância, porque ele passará como a flor da erva. (Tg 1.9-10)

> O Senhor empobrece e enriquece; abaixa e também exalta. (1Sm 2.7)

> A quem dá liberalmente, ainda se lhe acrescenta mais e mais; ao que retém mais do que é justo, ser-lhe-á em pura perda. (Pv 11.24)

A Bíblia fala muito sobre finanças e como lidar com recursos financeiros. Trata-se de um dos assuntos mais tratados em toda a Bíblia Sagrada. O motivo é simples: nossa dificuldade em lidar com o assunto e rapidez em colocar o dinheiro e os bens como deuses no lugar do Deus verdadeiro em nossas vidas.

É para que não coloquemos os bens no lugar de Deus que o mandamento foi dado: "Não furtarás". O que é do outro é do outro. O que é nosso é nosso. Se Deus deu algo ao próximo, não o tire dele, pois isso desonrará a Deus. Se alguém, porém, roubar algo seu, descanse nas mãos de Deus, porque aquele que deu é poderoso para restituir e cuidar de você (Mt 6.19-21; Pv 30:8).

NÃO MENTIR
(NONO MANDAMENTO)

O falso testemunho está ligado à mentira, e o pai da mentira é o diabo:

> Vós sois do diabo, que é vosso pai, e quereis satisfazer-lhe os desejos. Ele foi homicida desde o princípio e jamais se firmou na verdade, porque nele não há verdade. Quando ele profere mentira, fala do que lhe é próprio, porque é mentiroso e pai da mentira. (Jo 8.44)

Como você não é filho do diabo, falsos testemunhos não devem estar presentes em sua vida. Você deve resistir a toda tentação de contar uma mentira e de dar um falso testemunho sobre uma pessoa ou situação.

Toda mentira desonra a Deus. Deus é a verdade, e essa é a principal razão pela qual você deve viver sempre na verdade:

> Respondeu-lhe Jesus: Eu sou o caminho, e a verdade, e a vida; ninguém vem ao Pai senão por mim. (Jo 14.6)

> ...Seja Deus verdadeiro, e mentiroso, todo homem... (Rm 3.4)

> Fiquei sobremodo alegre em ter encontrado dentre os teus filhos os que andam na verdade, de acordo com o mandamento que recebemos da parte do Pai. (2Jo 4)

Vivemos e andamos na verdade porque nosso Pai é a Verdade, nosso Salvador é a Verdade, e o Espírito Santo, que habita em nós, também é chamado nas Escrituras de Espírito da Verdade (1João 5.7). O contrário disso seria andarmos no espírito do erro (ou do engano), tendo o diabo como pai, visto ser ele o pai da mentira.

NÃO COBIÇAR
(DÉCIMO MANDAMENTO)

O último dos Dez Mandamentos tem a ver com contentamento — estar feliz com o que Deus tem dado a você. Deus é o dono e Senhor de sua vida. Assim, seja grato e viva para a glória dele.

No entanto, o coração humano é sempre insatisfeito e está constantemente cheio de esperança de que consiga obter um pouco mais. Está sempre pronto a olhar para o lado e querer o que é do outro. Não obstante quão bela seja a grama de seu quintal, a grama do vizinho sempre parecerá mais verde do que a sua. Assim é o coração humano, sempre pronto a cobiçar o que é do outro, insatisfeito com o que Deus lhe dá.

O mandamento quanto à cobiça tem a intenção de nos proteger de nossa insatisfação e murmuração. Não se engane: se você estiver sempre cobiçando e ambicionando mais, nunca estará satisfeito, pois a cobiça, insaciável como é, acaba por se tornar um vício dentro de você. Você sempre desejará mais e nunca dará graças pelo que tem (Tg 4.1-3).

O que é do outro é do outro, e não só é errado tirar o que lhe pertence, como também desejar o que é dele. Há um limite para os desejos do coração. Os atos de olhar, gostar e querer não são errados, desde que não se tornem uma ambição alucinada dentro de sua cabeça. Não é errado nem pecado olhar, gostar e querer uma casa, um carro, um vestido ou um sapato. Todavia, esses desejos se tornam pecaminosos quando você perde noites de sono por causa daquilo que ambiciona. Quando seu desejo se torna maior do que você pode conter, você quebrou o décimo mandamento.

CONCLUSÃO

Nesta lição, aprendemos que Deus não se preocupa apenas com nosso relacionamento com ele, mas também com nosso relacionamento com o próximo. A maneira como respondemos às tentações do dia a dia importa para Deus. Ele deseja que saibamos tratar nosso próximo com respeito e amor, e não de um modo estúpido, egoísta e enganador.

Tratar o próximo de maneira errada é como tratar o próprio Deus de maneira errada. Quando pecamos contra o próximo, pecamos contra Deus, na medida em que quebrantamos seus mandamentos relacionados ao nosso semelhante. É por isso que Jesus resumiu toda a Lei em amar a Deus sobre todas as coisas e ao nosso próximo como a nós mesmos (Lc 10.27).[6]

---

[6] Paulo resume os mandamentos relativos ao próximo da mesma forma: "Pois isto: Não adulterarás, não matarás, não furtarás, não cobiçarás, e, se há qualquer outro mandamento, tudo nesta palavra se resume: Amarás o teu próximo como a ti mesmo" (Rm 13.9). João deixa claro que quem não ama o seu irmão não é capaz de amar a Deus (1Jo 4.20-21). Em outras palavras, quem não cumpre os seis últimos mandamentos também descumpre os quatro primeiros.

ASSIMILANDO

1. Escreva os seis últimos dos Dez Mandamentos abaixo:

5. _____
6. _____
7. _____
8. _____
9. _____
10. _____

2. Como você pode matar uma pessoa em seu coração?
_____
_____

3. Cite outra maneira de você cometer adultério, diferente da maneira como todos estão acostumados a pensar.
_____
_____

4. Descreva pequenas mentiras cometidas no dia a dia que devemos evitar.
_____
_____

5. Quais são as coisas mais cobiçadas no meio em que você vive?
_____
_____

PARA O PRÓXIMO ENCONTRO

1. Leia Romanos 13.8-10, 1João 4.7-21 e Marcos 12.30-33

2. Como, na prática, você pode manifestar seu amor por Deus?
_____
_____
_____
_____

3. Como, na prática, você pode manifestar seu amor pelo próximo?
_____
_____
_____
_____

4. Ore pelos seguintes motivos:
a) Para que Deus lhe ajude a obedecer a suas leis.
b) Para que o Senhor aumente seu amor por ele e o ajude a buscá-lo todos os dias.
c) Para que o Senhor aumente seu amor pelo próximo e o ajude a ter atitudes práticas de bondade e caridade por aqueles com quem você convive.

CAPÍTULO 4
AS MÁS NOTÍCIAS DA LEI

> "Não me envergonho do evangelho, porque é o poder de Deus para a salvação de todo aquele que crê: primeiro do judeu, depois do grego." (Rm 1.16)

A palavra "evangelho" significa *boas notícias*. É uma palavra grega que se escreve assim: εὐαγγέλιον (*euangelion*). Era usada para anunciar grandes feitos dentro de um império. Sempre que um mensageiro trazia *boas notícias* ao reino, fazia com que o povo pulasse de alegria.

Nos tempos antigos, "evangelho" não se referia necessariamente a uma mensagem religiosa; podia dizer respeito a qualquer boa notícia de grande importância para a cidade ou nação, especialmente uma vitória que traria paz e segurança.

A história da primeira maratona na Grécia e a famosa corrida do soldado ateniense ilustram bem o significado com o qual o termo era empregado pelos antigos. Segundo a lenda, em 490 a.C., os gregos travavam a Batalha de Maratona contra os persas. Contra todas as probabilidades, o exército grego, com um número menor de soldados, venceu os persas.

Após essa vitória, um soldado ateniense chamado Filípides teria sido enviado de Maratona a Atenas para anunciar a grande notícia da vitória. A lenda diz que Filípides correu cerca de 42 quilômetros, do campo de batalha até Atenas. Ao chegar, exausto e com suas últimas forças, gritou: Νενικήκαμεν, isto é, "vencemos!" Então, caiu morto. Esse ato heroico se tornou o símbolo da primeira maratona e inspirou o evento esportivo moderno.

Quando os primeiros cristãos usaram a palavra "evangelho" para descrever a mensagem de Jesus, lançaram mão de uma ideia que os gregos entenderiam. Assim como Filípides anunciou a vitória dos gregos sobre os persas, a mensagem do Evangelho anuncia a vitória de Cristo sobre o pecado e a morte. Tanto no contexto da primeira maratona quanto nos dias dos primeiros cristãos, a palavra "evangelho" comunicava uma boa nova que trazia esperança, vitória e renovação.

É surpreendente o fato de Jesus, desde o início de seu ministério, dizer que tinha um *evangelho* para anunciar, ou seja, *boas notícias* (Mt 4.23).

Falaremos mais sobre o Evangelho em nossa próxima lição. Apenas o mencionamos aqui, no início do presente capítulo, para demonstrar que o Senhor Jesus, antes de apresentar as Boas Notícias, usava a Lei para apresentar as más notícias de que estamos perdidos, sem esperança de conquistar a vida eterna. Um exemplo disso é seu encontro com o conhecido "jovem rico". A passagem bíblica que conta essa história é Mateus 19.16-22:

> E eis que alguém, aproximando-se, lhe perguntou: Mestre, que farei eu de bom, para alcançar a vida eterna? Respondeu-lhe Jesus: Por que me perguntas acerca do que é bom? Bom só existe um. Se queres, porém, entrar na vida,

guarda os mandamentos. E ele lhe perguntou: Quais? Respondeu Jesus: Não matarás, não adulterarás, não furtarás, não dirás falso testemunho; honra a teu pai e a tua mãe e amarás o teu próximo como a ti mesmo. Replicou-lhe o jovem: Tudo isso tenho observado; que me falta ainda? Disse-lhe Jesus: Se queres ser perfeito, vai, vende os teus bens, dá aos pobres e terás um tesouro no céu; depois, vem e segue-me. Tendo, porém, o jovem ouvido esta palavra, retirou-se triste, por ser dono de muitas propriedades. (Mt 19.16-22)

Essa passagem nos apresenta cinco situações interessantes. Vamos a elas.

O DESEJO

Havia no jovem rico um desejo muito grande de se tornar um discípulo de Jesus. Ele se aproximou de Jesus com as seguintes palavras: "Mestre, que farei eu de bom, para alcançar a vida eterna?"

Sabemos que havia no coração dele o desejo pulsante de "alcançar a vida eterna". Alcançar a vida eterna é o mesmo que ser salvo. Logo, aquele jovem queria ser salvo. Esse era seu desejo.

O DEVER

Conforme a Lei (Lv 18.5), o dever de todo aquele que deseja ser salvo é guardar os mandamentos. Essa foi precisamente a resposta de Jesus: "Se queres, porém, entrar na vida, guarda os mandamentos."

Porém, diante dessas palavras de Jesus, surge-nos uma pergunta: "é fácil guardar os mandamentos?" Já vimos nas lições anteriores quais são os mandamentos de Deus: os Dez Mandamentos, que são um resumo de toda a Lei.

Guardar os mandamentos significa não quebrar nenhum deles. Se você quebrou um só, quebrou toda a Lei (Tg 2.10). Se você, por exemplo, já desobedeceu a seus pais em algum momento da vida, quebrou toda a Lei. O mesmo vale se você já mentiu ou descumpriu qualquer outro mandamento. Todo aquele que não guarda os mandamentos perfeitamente não pode entrar na vida eterna, não pode ser salvo.

Outra dúvida, neste momento, emerge em nossa mente: "alguém será salvo?" A resposta é óbvia: não, ninguém pode ser salvo, pois o dever de todo aquele que deseja alcançar a vida eterna é guardar e cumprir todos os mandamentos.

O ESCLARECIMENTO

Jesus, querendo deixar mais claro como é possível entrar no Reino dos Céus, passa a explicar, por meio dos mandamentos que regulam o nosso relacionamento com o próximo, o que é preciso para ser salvo: "Não matarás, não adulterarás, não furtarás, não dirás falso testemunho; honra a teu pai e a tua mãe e amarás o teu próximo como a ti mesmo."

Vitoriosamente, o jovem rico afirma que, segundo sua própria avaliação, cumpria todos esses mandamentos: "Tudo isso tenho observado; que me falta ainda?" De fato, do que mais ele precisava para ser salvo, se, aparentemente, já atendia todos os critérios?

Aos olhos humanos, esse jovem era uma pessoa honesta, altruísta, obediente aos pais etc. Porém, isso significa que seria recompensado com a vida eterna? Jesus esclarece que não: "Se queres ser perfeito, vai, vende os teus bens, dá aos pobres e terás um tesouro no céu; depois, vem e segue-me. Tendo, porém, o jovem ouvido esta palavra, retirou-se triste, por ser dono de muitas propriedades."

O PROBLEMA

Qual era o problema daquele jovem? Um só: ele não cumpria o primeiro dos Dez Mandamentos, e isso foi suficiente para lhe mostrar que não estava apto se tornar um discípulo de Jesus. Na verdade, a Lei impede não apenas o jovem rico de se tornar discípulo de Jesus, mas a todos nós.

O problema do jovem rico é que ele possuía um deus diferente do Deus verdadeiro em seu coração: suas riquezas. E, como já aprendemos, o primeiro dos Dez Mandamentos é: "Não terás outros deuses diante de mim" (Êx 20.3).

Quebrando o primeiro mandamento, nenhum outro pode ser cumprido. Qual era o problema daquele jovem? Ele cumpria, externamente, alguns mandamentos, enquanto deixava outros para trás. Porém, cumprir alguns mandamentos não garante a ninguém a vida eterna. Devemos, antes de tudo, entregar a Deus o trono de nossos corações, de maneira que ninguém além dele reine em nós. Deus não divide o nosso coração com outros deuses. Esse era o grande problema daquele jovem.

O APELO

Jesus pediu ao jovem que vendesse tudo o que tinha e desse aos pobres todo o dinheiro que arrecadasse. Em outras palavras, o que Jesus pediu ao jovem foi que ele se desfizesse do ídolo que guiava sua vida. Ele era conduzido pelo dinheiro. Sua riqueza era sua fonte de felicidade e paz. Jesus apenas pediu que ele retirasse esse ídolo da vida e colocasse Deus no lugar. Após isso, poderia tornar-se um verdadeiro discípulo de Jesus. Contudo, o jovem foi embora triste, porque tinha muitas propriedades, muitas riquezas.

O apelo de Jesus para quem deseja ser seu discípulo é simples: "deixe tudo e me abrace; deixe todos os seus ídolos para trás, para que eu me torne tudo em sua vida" (veja Lc 14.33).

CONCLUSÃO

O que Jesus disse ao jovem rico também se aplica a nós. Se não estivermos dispostos a deixar tudo por Jesus, não somos dignos dele. Não herdaremos a vida eterna, isto é, não seremos salvos. Se o considerarmos menos satisfatório do que os prazeres deste mundo, não passaremos a eternidade com ele. Ou ele é tudo aqui e agora, ou não o será na eternidade.

A história do jovem rico nos ensina que a Lei mostra a completa incapacidade que temos de chegar ao céu por nossas próprias forças ou habilidades. A Lei nos dá as más notícias de que não temos condições e recursos próprios para conquistarmos a vida eterna. Por mais que nos esforcemos, um só deslize, por menor que seja, nos torna infratores da Lei de Deus (Tg 2.10). O padrão divino é alto, o que impossibilita completamente nossa entrada no Céu.

Somente a graça de Deus contida no santo Evangelho da reconciliação pode nos dar a vida eterna, e é sobre isso que falaremos em nosso próximo estudo.

ASSIMILANDO

1. Quais foram os mandamentos que Jesus disse que o jovem rico devia cumprir para ser salvo?

1. _____
2. _____
3. _____
4. _____
5. _____
6. _____

2. Qual foi o ídolo que impediu o jovem tornar-se um seguidor de Jesus e de herdar a vida eterna?

_____
_____

3. O problema do jovem rico eram suas riquezas ou o fato de ele colocar algo no lugar de Deus? Explique.

_____
_____

4. É possível um rico ser salvo? Explique.

_____
_____
_____

PARA O PRÓXIMO ENCONTRO

1. Leia e decore Romanos 3.23 e Romanos 6.23

2. Explique com suas próprias palavras o texto de João 3.16.
_____
_____
_____
_____

3. Ore pelos seguintes motivos:
a) Para que Deus guarde seu coração de toda e qualquer idolatria.
b) Para que Deus use a sua vida para levar outros para o caminho do Senhor.
c) Para que Deus abençoe a vida daquele que o tem ajudado a conhecer melhor o Evangelho por meio destes estudos.

PARTE 2
✠
A GRAÇA

CAPÍTULO 5
AS BOAS NOTÍCIAS DO EVANGELHO

"Muitos podem pregar o Evangelho melhor do que eu; mas ninguém pode pregar um Evangelho melhor do que o meu."
— Charles H. Spurgeon

O Evangelho são as boas novas trazidas por Cristo. Apesar de se chamar "Boas Novas", o verdadeiro Evangelho começa com péssimas novas, isto é, péssimas notícias. As novas do Evangelho só podem ser consideradas efetivamente boas porque nos concedem um escape do que acontecerá caso permaneçamos distantes de Deus, fugindo para os ídolos de nosso coração.

Entre esses ídolos estão o dinheiro, a pornografia, a mentira, a ganância, os vícios etc. — tudo aquilo que, a despeito de Deus, nos traz paz, alegria e satisfação passageiras. Cristo, porém, nos dá aquela paz que excede todo entendimento e que guarda nosso coração e mente nos momentos de desespero (Fp 4.6-7), quando, em geral, tendemos a buscar refúgio em nossos ídolos.

PÉSSIMAS NOTÍCIAS

O Evangelho começa com a notícia de que todos somos condenados. Todos quebramos a Lei de Deus, como já estudamos anteriormente, e isso nos torna culpados (Rm 3.10-12, 23). Toda culpa gera uma pena a ser paga — e a nossa é eterna, pois pecamos contra o Eterno. A condenação eterna se chama inferno (ou lago de fogo). É para lá que iríamos, caso Cristo não tivesse sido enviado (Ap 20.14-15; Ap 21.8).

Assim, o Evangelho começa com essa péssima notícia, à qual, porém, se segue a boa notícia de que Deus está disposto a nos tirar de nosso caminho de perdição e condenação.

Em vista de nossa impossibilidade de nos salvarmos do inferno por conta própria e de pagarmos, nesta vida, o que devemos ao eterno Deus, ele mesmo criou um meio de nos salvar e de cumprir nossa pena eterna. É aqui que entra a cruz (Lc 18.26-27).

UMA MALDIÇÃO

Outra informação que você precisa saber sobre o Evangelho é que ele é destinado a pessoas que estavam sob maldição. Todo condenado é visto na Bíblia como maldito. Trata-se de uma pessoa sobre quem repousam condenação e maldição eternas (Gl 3.10-13).

Para que o homem, maldito e condenado como é, seja transformado em alguém liberto, salvo e bendito (abençoado), é necessário que outro leve a culpa em seu lugar. Visto que Deus é justo, não há como um pecado ficar sem juízo e punição. Todo pecado será condenado.

Essa é a outra péssima notícia contida nas Boas Novas. Mais uma vez, por que, então, o Evangelho são *boas* novas?

São boas porque revelam a preocupação que quem as anuncia tem para conosco, avisando-nos do perigo que corremos e do desejo que Deus tem de nos tirar dessa situação (2Pe 3.9).

O RESGATE

Para dar fim à nossa maldição e condenação, Jesus de Nazaré assumiu o que pesava sobre nós. Isso foi previsto por vários profetas, como Isaías:

> Certamente, ele tomou sobre si as nossas enfermidades e as nossas dores levou sobre si; e nós o reputávamos por aflito, ferido de Deus e oprimido. Mas ele foi traspassado pelas nossas transgressões e moído pelas nossas iniquidades; o castigo que nos traz a paz estava sobre ele, e pelas suas pisaduras fomos sarados. Todos nós andávamos desgarrados como ovelhas; cada um se desviava pelo caminho, mas o Senhor fez cair sobre ele a iniquidade de nós todos. Ele foi oprimido e humilhado, mas não abriu a boca; como cordeiro foi levado ao matadouro; e, como ovelha muda perante os seus tosquiadores, ele não abriu a boca...
>
> Todavia, ao Senhor agradou moê-lo, fazendo-o enfermar; quando der ele a sua alma como oferta pelo pecado, verá a sua posteridade e prolongará os seus dias; e a vontade do Senhor prosperará nas suas mãos. Ele verá o fruto do penoso trabalho de sua alma e ficará satisfeito; o meu Servo, o Justo, com o seu conhecimento, justificará a muitos, porque as iniquidades deles levará sobre si. Por isso, eu lhe darei muitos como a sua parte, e com os poderosos repartirá ele o despojo, porquanto derramou a sua alma na morte; foi contado com os transgressores;

contudo, levou sobre si o pecado de muitos e pelos transgressores intercedeu. (Is 53.4-7,10-12)

Sobretudo nas primeiras palavras, vemos claramente que "ele [Jesus] tomou sobre si as nossas enfermidades e as nossas dores levou sobre si". Essas são figuras espirituais que descrevem o estado de nossa alma — uma alma doente, agonizante, condenada ao sofrimento eterno. Contudo, "ele tomou sobre si as nossas enfermidades". Isso mudou a nossa história! Aleluia!

Já que Jesus tomou sobre si a nossa condenação, ficamos livres dela. O texto de Isaías é tão especial que chega a afirmar que "ao SENHOR agradou moê-lo, fazendo-o enfermar". Não só o Senhor Jesus se deu voluntariamente por nós (Hb 5.7), por amor a nós, como ao próprio Deus Pai foi agradável tornar seu Filho maldito sobre a cruz e fazê-lo assumir toda a ira divina pelos nossos pecados. Veja como o Filho de Deus, Jesus Cristo, também quis o mesmo que o Pai:

> Ninguém tem maior amor do que este: de dar alguém a própria vida em favor dos seus amigos. Vós sois meus amigos, se fazeis o que eu vos mando. Já não vos chamo servos, porque o servo não sabe o que faz o seu senhor; mas tenho-vos chamado amigos, porque tudo quanto ouvi de meu Pai vos tenho dado a conhecer. (Jo 15.13-15)

Voltando a Isaías, o texto afirma que Jesus daria "a sua alma como oferta pelo pecado", bem como que o Pai lhe daria "muitos como a sua parte" — ou seja, aqueles por quem ele morreu seriam seus servos, uma vez que ele "levou sobre si o pecado de muitos" (veja Mc 10.45).

Esse texto não poderia ser mais fantástico do que é. Deus é claríssimo em mostrar seu amor por seres humanos que nem haviam nascido e que, quando nascessem, correriam prontamente para o pecado. Ainda assim, ele nos amou primeiro, a fim de que, hoje, pudéssemos amá-lo (Rm 5.8).

Dando sua vida por nós, Jesus nos resgatou das trevas, da condenação, do sofrimento eterno, do vazio na alma e no coração. Morrendo na cruz por nós, ele é erguido, a fim de mostrar-nos o caminho para o céu. Seus braços abertos apontam a extensão de seu resgate — vidas de todos os cantos, do extremo leste ao extremo oeste, vidas que, sem culpa alguma, seriam abraçadas e recebidas na família de Deus, pois Jesus levou a culpa de todas elas durante seus momentos de angústia sobre a cruz (Cl 2.13-15).

As últimas palavras que Jesus proferiu antes de morrer são nossa maior segurança:

> Quando, pois, Jesus tomou o vinagre, disse: Está consumado! E, inclinando a cabeça, rendeu o espírito. (Jo 19.30)

Está consumado! Ele fez tudo, pagou por tudo, a fim de que todos que se rendessem a ele, arrependidos sinceramente de seus pecados e crendo que Jesus levou suas culpas sobre si na cruz, fossem totalmente perdoados e desfrutassem de paz com Deus.

PÉSSIMAS NOVAS QUE SE TORNAM MARAVILHOSAS

É somente quando tomamos conhecimento dessas verdades e assumimos nossa responsabilidade diante do Evangelho que as péssimas notícias da Lei acabam dando lugar às maravilhosas notícias do Evangelho.

No entanto, qual é a responsabilidade humana diante do Evangelho? Ouçamos o próprio Jesus dizendo:

> Então, convocando a multidão e juntamente os seus discípulos, disse-lhes: Se alguém quer vir após mim, a si mesmo se negue, tome a sua cruz e siga-me. Quem quiser, pois, salvar a sua vida perdê-la-á; e quem perder a vida por causa de mim e do evangelho salvá-la-á. Que aproveita ao homem ganhar o mundo inteiro e perder a sua alma? Que daria um homem em troca de sua alma? Porque qualquer que, nesta geração adúltera e pecadora, se envergonhar de mim e das minhas palavras, também o Filho do Homem se envergonhará dele, quando vier na glória de seu Pai com os santos anjos. (Mc 8.34-38)

O convite de Jesus inclui 5 passos:

1. Negue a si mesmo.
2. Tome sua cruz.
3. Siga a Cristo.
4. Perca sua vida por causa de Cristo e de seu Evangelho.
5. Não se envergonhe de Jesus.

Essas são suas responsabilidades. Mais adiante em sua caminhada cristã, você aprenderá que até a capacidade de fazer isso vem de Deus. Todavia, isso não tira de você a culpa e a responsabilidade. Conheça bem os passos que o Senhor espera que você dê. Não deixe os seus deveres para amanhã, pois o amanhã poderá não chegar para você. Se não existirem forças nem vontade dentro de você, não descanse ou durma sem antes clamar a Deus, com todo seu coração, que lhe dê fé para crer verdadeiramente e que quebrante seu coração, a fim de que haja arrependimento sincero dentro de você.

CONCLUSÃO

Concluamos esta lição com gratidão em nossos corações pelo que Deus fez por nós. Não fosse seu grande amor para conosco, nasceríamos, viveríamos, nos casaríamos, teríamos filhos, festejaríamos, choraríamos e morreríamos sem jamais saber o que nos aguarda do outro lado da vida e da eternidade. Não saberíamos da justiça de Deus, que nos aguarda após a morte.

Louvado seja Deus por seu grande amor em nos revelar a situação em que, sem ele, nos encontrávamos e por ter enviado seu Filho para morrer em nosso lugar, a fim que todos que viéssemos a crer nele não mais tivéssemos que passar pelo tormento e condenação eternos, mas desfrutássemos, desde já e para todo o sempre, de perdão e paz e na alma.

ASSIMILANDO

1. Quais são os cinco passos que Jesus espera que você dê, caso queira ser salvo?

1. _____
2. _____
3. _____
4. _____
5. _____

2. Por que as Boas Novas começam com péssimas novas?
___
___
___
___

3. Por que até mesmo as notícias ruins sobre a situação de nossa alma sem Cristo são boas notícias no Evangelho? O que isso revela sobre o caráter e o interesse de Deus?
___
___
___
___

4. Resuma o que você entendeu da profecia de Isaías 53 apresentada nesta lição.
___
___
___
___

PARA O PRÓXIMO ENCONTRO

1. Leia Mateus 3.1-2, Marcos 1.14-15 e Atos 2.37-38.

2. O que esses três textos têm em comum?
___
___
___
___

3. Ore pelos seguintes motivos:
a) Agradeça a Deus pelo Evangelho.
b) Peça a Deus forças para viver suas responsabilidades diante do chamado do Evangelho.
c) Peça a Deus para que haja dentro de você um coração sinceramente arrependido de seus pecados.

CAPÍTULO 6
O ARREPENDIMENTO

"... se, porém, não vos arrependerdes, todos igualmente perecereis." (Lc 13.3)

Gostaria de começar este capítulo contando a história de Marta. Sua história de conversão ilustra bem a mudança que o arrependimento e a graça causam na vida de uma pessoa.

Marta sempre foi uma pessoa perfeccionista. Desde criança, acreditava que precisava ser "boa o suficiente" para conquistar o amor e a aceitação de sua família e amigos. Cresceu em um lar rígido, onde os erros eram raramente esquecidos e a cobrança por um comportamento exemplar era constante. Marta se tornou uma adulta extremamente crítica consigo, incapaz de se perdoar pelos menores deslizes. Por mais que se esforçasse para atender às expectativas, tinha a sensação de que nunca conseguia fazer o suficiente para se sentir realmente aceita ou amada.

Aos vinte e poucos anos, Marta passou por uma série de decepções pessoais e profissionais. Sua insegurança e autoexigência acabaram prejudicando relacionamentos e causando conflitos em seu trabalho, onde frequentemente passava mais horas do que o necessário, a fim de provar seu valor. Certa vez, após cometer um erro em um projeto importante, ela se martirizou por semanas, revivendo o incidente na mente repetidas vezes, convencida de que aquele erro definia sua competência e caráter.

Foi nesse período que Marta foi convidada para participar de um grupo de estudos bíblicos em uma igreja local. Ela hesitou no início, temendo que não fosse "digna" de participar de um ambiente cristão. Sentia-se envergonhada dos erros que carregava em seu passado e tinha certeza de que Deus, assim como todos à sua volta, exigiria uma perfeição que ela não podia alcançar.

Mas algo mudou na primeira reunião do grupo. A líder do estudo bíblico, uma mulher gentil chamada Ana, escolheu o tema da graça para aquela noite. Marta ouviu, inicialmente em silêncio, enquanto Ana falava sobre como a graça de Deus era um dom imerecido, oferecido independentemente de seus erros e falhas. Ana explicou que a graça não era algo que alguém poderia conquistar por esforço, mas um presente que Deus dava livremente, por amor.

Marta ouvia, mas sua mente estava cheia de dúvidas. Aquela ideia parecia bonita demais para ser verdadeira. Ela pensou consigo: "Talvez seja fácil para os outros aceitarem isso, mas eles não conhecem minha história." No entanto, enquanto o estudo continuava, Ana compartilhou uma passagem que mexeu profundamente com Marta: "Mas Deus prova o seu amor por nós pelo fato de Cristo ter morrido por nós quando ainda éramos pecadores" (Rm 5.8).

Aquelas palavras a fizeram refletir. Seria possível que Deus a amasse apesar de todos os seus erros? Ao fim da reunião, Ana sugeriu que o grupo refletisse sobre a própria vida à luz da graça de Deus e pedisse ajuda a ele para aceitar esse amor.

O arrependimento

Naquela noite, Marta foi para casa com as palavras de Ana e a passagem de Romanos em mente. Pela primeira vez em muito tempo, ajoelhou-se para orar e abriu o coração diante de Deus. Em lágrimas, confessou seus sentimentos de inadequação e seu medo de ser rejeitada por ele. Ela lhe pediu que a ajudasse a entender e aceitar sua graça.

Nos dias seguintes, Marta continuou frequentando o grupo de estudos. Com o tempo, começou a perceber que a graça realmente significava uma nova maneira de enxergar a si mesma. Em uma reunião em que os participantes compartilharam experiências pessoais, ela decidiu abrir seu coração e falou sobre a pressão constante que sentia para ser perfeita e o peso que carregava por seus erros passados.

O grupo a acolheu com amor e compreensão. Pela primeira vez, Marta sentiu que não precisava esconder suas falhas para ser aceita. Ana a encorajou a ler mais sobre o amor incondicional de Deus e a ver suas falhas como oportunidades para aprender e crescer, não como condenações permanentes.

Essa compreensão da graça trouxe uma paz imensa a Marta. Ela começou a perceber que o amor e o perdão de Deus não estavam baseados em seus próprios méritos, mas na bondade e misericórdia de Deus. Com o tempo, Marta aprendeu a ser mais compassiva consigo. Aos poucos, começou a soltar o peso do passado e a viver com mais liberdade, aceitando suas imperfeições e confiando que Deus a amava exatamente como ela era.

Essa transformação também impactou a maneira como ela tratava os outros. Antes, Marta era rígida e crítica com as pessoas ao seu redor, projetando suas próprias inseguranças nos colegas e familiares. Mas, ao experimentar a graça de

Deus, passou a acolher as falhas dos outros com mais compaixão, entendendo que todos carregam lutas e erros.

Algum tempo depois, Marta se tornou uma das líderes do grupo de estudos bíblicos, ajudando outros a compreenderem a mesma graça que transformara sua vida. Ela compartilhou seu testemunho com aqueles que, como ela, se sentiam pressionados a provar seu valor e buscavam um amor que não exigisse perfeição. Sua história se tornou uma fonte de encorajamento, inspirando outras pessoas a abraçarem a graça de Deus e a viverem em paz com seus próprios erros e limitações.

Marta não era mais uma prisioneira do seu passado. Ela finalmente havia encontrado descanso na graça, compreendendo que o amor de Deus era maior do que qualquer falha. Esse entendimento não apenas transformou a maneira como ela via a si mesma, mas também a forma como ela amava e acolhia as pessoas ao seu redor.

Arrependimento é a palavra da qual o mundo quer se esquecer. O normal é fazer o que der na cabeça, sem se preocupar se é certo ou não. E, se algo sair errado, não se arrependa, pois isso fere o orgulho — outro defeito que o mundo tem transformado em virtude em nosso tempo.

Não custa lembrar que orgulho é pecado e arrependimento é virtude. Só se arrepende quem é capaz de se humilhar diante de outra pessoa — obviamente, estamos pensando em Deus aqui. Assim, arrependimento é humilhar-se perante o Senhor, reconhecendo que ele está certo e você, errado.

SEM ARREPENDIMENTO

Sem arrependimento, estamos perdidos (Lc 13.3). A condenação permanece sobre a vida de todo aquele que não se

O arrependimento

dobra diante da Palavra de Deus, que nos revela as ações erradas e pecaminosas que têm feito parte de nossa história. Absolutamente tudo o que fizemos — sejam pequenas falhas, sejam grandes pecados — está diante dos olhos de Deus, e ele levará tudo isso em conta ao nos julgar.

Todo ser humano vive sem arrependimento. Nascemos com o coração inclinado a errar, a mentir, a desobedecer. Não há nada que arranque isso de dentro de nós. "Eu nasci na iniquidade, e em pecado me concebeu minha mãe" (Sl 51.5).

Alguns controlam mais do que outros o impulso para a desobediência, mas todos possuímos a inclinação natural para o pecado. É natural que não nos arrependamos verdadeiramente, embora, às vezes, nutramos o sentimento de remorso diante de atitudes cometidas no dia a dia.

Remorso, contudo, não agrada a Deus. Remorso não é arrependimento. Nem toda tristeza significa arrependimento. Pessoas podem ficar tristes por causa das consequências de seus erros, mas isso não significa que estão arrependidas. Não significa que estão sinceramente tristes pelo pecado cometido e que, no que estiver em sua capacidade, lutarão firmemente para nunca mais cometerem tal erro.

Veja como Paulo contrasta dois tipos de arrependimento, isto é, o que vem de Deus e o do mundo:

> ... agora, me alegro não porque fostes contristados, mas porque fostes contristados para arrependimento; pois fostes contristados segundo Deus, para que, de nossa parte, nenhum dano sofrêsseis. Porque a tristeza segundo Deus produz arrependimento para a salvação, que a ninguém traz pesar; mas a tristeza do mundo produz morte. (2Co 7.9-10)

O arrependimento implica consciência de que outro pagou pelo erro que você cometeu. Quando você crê que Jesus pagou pelos seus pecados, dos quais você se lembra com sincera tristeza e remorso, está sinceramente arrependido. No entanto, quanto àqueles que continuam a viver sem arrependimento, Deus trará justiça sobre eles, como nos ensina Paulo:

> Ora, não levou Deus em conta os tempos da ignorância; agora, porém, notifica aos homens que todos, em toda parte, se arrependam; porquanto estabeleceu um dia em que há de julgar o mundo com justiça, por meio de um varão que destinou e acreditou diante de todos, ressuscitando-o dentre os mortos. (At 17.30-31)

Todos, em toda parte, devem se arrepender. É dever nosso olhar para nosso passado e nos arrepender de todo pecado cometido até então. O motivo dessa urgência é o dia do juízo, esperado desde o Antigo Testamento (Is 13.6, 34.8; Jr 46.10; Ez 30.3; Jl 1.15; 2.11, 31). No Novo Testamento, ele é mencionado como uma espécie de recordação necessária aos leitores originais de que Deus não muda (Mt 24.42-44; 1Ts 5.2; 2Pe 3.10), mas permanece sempre o mesmo justo Juiz, que há de julgar vivos e mortos no fim dos tempos (Ec 12.14).

Esse dia chegará, para o terror de todos que tiverem vivido sem arrependimento. A ausência de arrependimento é a causa do juízo final. Embora creiamos que Deus é soberano em dar a fé e a graça de que o homem precisa para ser salvo, isso não o isenta de sua culpa nem da necessidade e dever de se arrepender. Uma verdade (a soberania de Deus na salvação) não anula a outra (a responsabilidade humana na salvação).

O arrependimento

A Bíblia é clara em advertir que, "se, porém, não vos arrependerdes, todos igualmente perecereis" (Lc 13.3). Embora muita gente creia que haverá um apaziguamento geral no fim, quando todos os seres humanos, supostamente, encontrarão paz com Deus, a Bíblia continua a gritar aos nossos ouvidos sobre a realidade de um dia em que todos serão julgados por não se arrependerem de sua rebeldia contra Deus, de viver distante dos caminhos dele, de amar os prazeres pecaminosos que nos distanciam de Deus.

COM ARREPENDIMENTO

Contudo, o arrependimento verdadeiro muda completamente a história de uma pessoa. A Bíblia ensina que o próprio arrependimento é um dom de Deus para quem se entrega verdadeiramente:

> Ou desprezas a riqueza da sua bondade, e tolerância, e longanimidade, ignorando que a bondade de Deus é que te conduz ao arrependimento? (Rm 2.4)

> Quando ele vier, convencerá o mundo do pecado, da justiça e do juízo... (Jo 16.8)

É a bondade de Deus que conduz o ser humano ao arrependimento. É a mesma bondade que faz que o Senhor acolha o arrependido como um filho perdoado, depois de ter vivido toda uma vida em desobediência.

Quando o arrependimento passa a existir na alma de uma pessoa, esta deve seguir os passos que o apóstolo Pedro, logo após ter recebido o Espírito Santo, apresentou aos homens que haviam pedido a crucificação de Jesus:

> Esteja absolutamente certa, pois, toda a casa de Israel de que a este Jesus, que vós crucificastes, Deus o fez Senhor e Cristo. Ouvindo eles estas coisas, compungiu-se-lhes o coração e perguntaram a Pedro e aos demais apóstolos: Que faremos, irmãos? Respondeu-lhes Pedro: Arrependei-vos, e cada um de vós seja batizado em nome de Jesus Cristo para remissão dos vossos pecados, e recebereis o dom do Espírito Santo. (At 2.36-38)

Conscientes de que tinham errado e de que deviam fazer a vontade de Deus, os ouvintes da pregação de Pedro naquele dia aprenderam que era necessário:

1. Arrepender-se;
2. Ser batizados.

Há outro elemento necessário para a salvação, o qual aparece nas palavras de Jesus:

> Quem crer e for batizado será salvo; quem, porém, não crer será condenado. (Mc 16.16)

Assim, o terceiro elemento é "crer". Assim, *arrependimento*, *Batismo* e *fé* são elementos que aparecem juntos, embora apenas o primeiro e o último sejam essenciais para a salvação. O segundo, o *Batismo*, não salva ninguém, mas é um sinal externo de uma transformação interna realizada pelo Espírito Santo. Se Deus transformou seu interior, você deve mostrar isso em seu exterior por meio do Batismo.

DEPOIS DO ARREPENDIMENTO

Depois do arrependimento, seguem-se, necessariamente, os frutos que evidenciam a transformação ocorrida. Os frutos são uma evidência externa de uma ação interna. Todos que se arrependem demonstram a veracidade de seu arrependimento através de uma nova vida, novas atitudes, novas palavras, novas ações. Paulo falou sobre isso ao rei Agripa:

> Pelo que, ó rei Agripa, não fui desobediente à visão celestial, mas anunciei primeiramente aos de Damasco e em Jerusalém por toda a região da Judéia, e aos gentios, que se arrependessem e se convertessem a Deus, praticando obras dignas de arrependimento. (At 26.19-20)

Essas "obras dignas de arrependimento" são atitudes posteriores ao arrependimento que comprovam que ele foi verdadeiro. Algo semelhante é dito por João Batista:

> Produzi, pois, frutos dignos de arrependimento... (Mt 3.8)

Os frutos não dão testemunho da nova vida do arrependido apenas para outras pessoas, mas para o próprio indivíduo que se arrependeu, a fim de que ele se certifique de que o que sentiu não foi apenas um mero remorso. De fato, "se alguém está em Cristo, nova criatura é; as coisas velhas já passaram, eis que tudo se fez novo" (2Co 5.17).

CONCLUSÃO

Sem arrependimento, não há salvação. Embora muitos hoje não considerem o arrependimento uma virtude, é, aos olhos de Deus, extraordinariamente positivo, bom e necessário. Veja o que Jesus disse a respeito de um pecador que se arrepende:

> E, indo para casa, [o homem que achou a ovelha perdida] reúne os amigos e vizinhos, dizendo-lhes: Alegrai-vos comigo, porque já achei a minha ovelha perdida. Digo-vos que, assim, haverá maior júbilo no céu por um pecador que se arrepende do que por noventa e nove justos que não necessitam de arrependimento. (Lc 15.6-7)

Todo ser humano deve se preocupar com o que Deus pensa de suas atitudes, e não com o que os outros pensam sobre o que fazemos. Se há alegria no céu por causa de seu arrependimento, não fique chateado se pessoas com quem você convive se entristecerem e mudarem a atitude para com você. É normal que pessoas deem as costas a quem deu as costas para o pecado, assim como é normal que pessoas distantes de Deus acolham os que também deram as costas para Deus.

Todos nascemos sem arrependimento. Todos somos chamados ao arrependimento. Por mais que Deus seja gracioso e soberano em nossa salvação, a responsabilidade de crer e arrepender-se para a salvação continua a ser nossa.

Sem virar as costas para o pecado e pôr fim à vida passada, não existirão frutos que testemunhem uma nova história em você. Mas, se houver um sincero arrependimento, você será motivo de uma grande celebração e festa no céu, no presente e na eternidade.

ASSIMILANDO

1. O que é arrependimento?

_____

_____

_____

O arrependimento

2. Além do arrependimento, o que mais é necessário para quem deseja ser salvo?
_____
_____
_____
_____

3. O que se espera de quem sincera e verdadeiramente se arrependeu?
_____
_____
_____
_____

4. O que significam os frutos de arrependimento?
_____
_____
_____
_____

PARA O PRÓXIMO ENCONTRO

1. Leia Lucas 17.5-6, Atos 3.16 e Efésios 2.8-9.

2. O que os três textos acima têm em comum?
_____
_____
_____
_____

3. Ore pelos seguintes motivos:
a) Agradeça a Deus pela salvação e quebrantamento que, um dia, ele pôs em seu coração.
b) Peça a Deus que nunca deixe o arrependimento esfriar em seu coração e que ele renove esse arrependimento a cada dia.
c) Peça a Deus que a fé que há em você seja sincera e verdadeira aos olhos de Deus.

CAPÍTULO 7
A FÉ

"Ora, a fé é a certeza de coisas que se esperam, a convicção de fatos que se não veem ... De fato, sem fé é impossível agradar a Deus, porquanto é necessário que aquele que se aproxima de Deus creia que ele existe e que se torna galardoador dos que o buscam." (Hb 11.1, 6)

Fé é um dom, um presente. Ninguém nasce com ela. Em nível natural, podemos, no máximo, desenvolver fé em coisas, em pessoas e até em Deus. No entanto, mesmo essa fé é incapaz de conduzir alguém à salvação. Trata-se apenas de uma crença natural comum a todos. Com essa fé, acreditamos no cuidado de nossos pais, na vitória de nosso time de futebol, na pontualidade do pagamento de nosso salário, no sucesso de nossa viagem de férias.

Temos fé em qualquer coisa, até mesmo em Deus — não, porém, uma fé salvífica, mas uma fé vaga, humana, terrena. Porém, a fé que salva não vem da terra, mas dos céus. Não é humana, mas divina. Não é um esforço natural, mas um presente sobrenatural.

A Bíblia apresenta pelo menos três formas de fé, as quais analisaremos a seguir.

FÉ COMO DOUTRINA

A fé pode ser compreendida como o conjunto de doutrinas em que se crê. Na história, é comum encontrarmos grupos de cristãos unidos em torno de uma confissão de fé, ou seja, um documento que apresenta um conjunto de doutrinas que eles confessam. Com efeito, a Bíblia nos exorta a lutarmos até o fim pela pureza e simplicidade de nossa fé. Veja o que Judas (não o Iscariotes!) escreveu:

> Amados, quando empregava toda a diligência em escrever-vos acerca da nossa comum salvação, foi que me senti obrigado a corresponder-me convosco, exortando-vos a *batalhardes, diligentemente, pela fé* que uma vez por todas foi entregue aos santos. (Jd 3, destaque nosso)

Havia, sem dúvida, tantos assuntos sobre os quais podia escrever, mas Judas, provável irmão de nosso Senhor Jesus Cristo, responsável por um grupo de igrejas, entendeu que tinha de escrever sobre aquilo em que elas criam, pois a doutrina estava sendo questionada e até mesmo corrompida. Judas se sentiu na obrigação de escrever sobre a *fé* que foi entregue aos santos. Assim, aquilo em que cremos também é um dom de Deus para nós, de maneira que devemos batalhar até o último de nossos dias pela pureza da doutrina.

Mas não foi somente Judas quem escreveu sobre a necessidade de sermos zelosos pela fé, isto é, pela doutrina. Paulo, de forma semelhante, escrevendo aos filipenses, exortou-os a terem a mesma atitude:

A fé

> Vivei, acima de tudo, por modo digno do evangelho de Cristo, para que, ou indo ver-vos ou estando ausente, ouça, no tocante a vós outros, que estais firmes em um só espírito, como uma só alma, lutando juntos pela *fé evangélica*... (Fp 1.27, destaque nosso)

Paulo havia ensinado as doutrinas nas quais os filipenses deviam crer. Agora, porém, era o momento de eles lutarem juntos pela fé evangélica, ou seja, pelo conjunto de doutrinas que lhes fora ensinado.

Erros e heresias sempre existirão. Sempre haverá pessoas, mesmo que bem-intencionadas, ensinando doutrinas estranhas à Bíblia. Falam de Deus e de Jesus, mas não conforme o ensino das Escrituras, mas segundo seu próprio entendimento. Por isso, todos os cristãos têm o dever de conhecer as doutrinas ensinadas pela Escritura Sagrada, a fim de que não sejam enredados por falsos mestres. Ainda que a plena compreensão das doutrinas cristãs seja um processo gradual, não devemos deixar de nos aprofundar nelas.

FÉ COMO UM DOM

A fé também é apresentada na Bíblia como um dom, um presente de Deus aos homens. Essa é outra verdade preciosa da Palavra de Deus, na medida em que mostra quão misericordioso Deus é. Por ser um dom, a fé não nasce dentro do ser humano nem lhe é natural. A fé não vem do homem, mas de Deus.

Certamente, existe um tipo de fé que é falsa e que não leva ninguém à salvação. Trata-se da fé que todos têm, inclusive o diabo:

> Crês, tu, que Deus é um só? Fazes bem. Até os demônios
> crêem e tremem. (Tg 2.19)

O verbo grego traduzido como "crer" é πιστεύω (*pisteuō*, que indica a ação de acreditar que algo é verdadeiro). Os demônios creem que Deus existe e que há um só Deus. No entanto, essa "fé" que há neles não vem de Deus, mas de si mesmos. Trata-se de uma crença natural. É possível que todos os homens também cheguem a essa conclusão, mas somente a fé que vem de Deus, um dom dos céus, pode realmente salvar o ser humano da condenação eterna. É isso que Paulo diz aos efésios:

> Porque pela graça sois salvos, mediante a fé; e isto não vem
> de vós; é dom de Deus... (Ef 2.8)

O "isto" não diz respeito apenas à fé e à graça, mas a todo contexto anterior retratado em Efésios 2. Toda a salvação vem de Deus. É por isso que a salvação pela fé é uma graça soberana dada a quem Deus quer. A fé salvífica, portanto, não vem de nós, mas é um dom concedido por Deus.

O apóstolo Paulo escreveu aos cristãos de Roma:

> E, assim, a fé vem pela pregação, e a pregação, pela palavra
> de Cristo. (Rm 10.17)

A fé *vem*, ou seja, ela não procede de nós. Devemos clamar e esperar pela fé que vem de Deus. Somente esse tipo de fé salva; apenas ela traz profunda consciência do pecado.

Nessa mesma carta endereçada aos romanos, Paulo conclui que ninguém será salvo por causa de decisões que tomou, obras que realizou ou qualquer outra ação que lhe pudesse trazer méritos. Somos salvos pelos méritos de Cristo, o qual se colocou debaixo da santa ira de Deus no lugar de pecadores. Para que um homem seja salvo e abandone seu estado de condenação, sendo declarado justo, é necessário que ele receba a fé que vem de Deus e passe a crer que o sacrifício de Cristo se deu por ele:

> Concluímos, pois, que o homem é justificado pela fé, independentemente das obras da lei. (Rm 3.28)

FÉ COMO CONFIANÇA

A fé também pode se referir ao nível de confiança que um salvo tem no Senhor. Nos exemplos abaixo, percebemos que a fé nada tem a ver com as doutrinas em que se acredita ou com um dom que se recebe de Deus. Antes, os trechos a seguir apresentam a fé como a confiança firme ou frágil de que o Senhor pode responder a nossos anseios e petições.

Muita fé

> Tendo Jesus entrado em Cafarnaum, apresentou-se-lhe um centurião, implorando: Senhor, o meu criado jaz em casa, de cama, paralítico, sofrendo horrivelmente. Jesus lhe disse: Eu irei curá-lo. Mas o centurião respondeu: Senhor, não sou digno de que entres em minha casa; mas apenas manda com uma palavra, e o meu rapaz será curado. Pois também eu sou homem sujeito à autoridade, tenho soldados às minhas ordens e digo a este: vai, e ele vai; e a outro: vem, e ele vem; e ao meu servo: faze isto, e

ele o faz. Ouvindo isto, admirou-se Jesus e disse aos que o seguiam: Em verdade vos afirmo que nem mesmo em Israel achei fé como esta. (Mt 8.5-10)

Aqui, vemos o centurião demonstrando completa confiança de que Jesus, apenas por meio de sua palavra, seria capaz de atender a seu pedido. Ele creu que não era necessário que Jesus estivesse presente em sua casa para que seu servo fosse curado. Bastava uma única palavra para que o milagre solicitado acontecesse. O centurião teve muita fé.

Pouca fé

Na quarta vigília da noite, foi Jesus ter com eles, andando por sobre o mar. E os discípulos, ao verem-no andando sobre as águas, ficaram aterrados e exclamaram: É um fantasma! E, tomados de medo, gritaram.
Mas Jesus imediatamente lhes disse: Tende bom ânimo! Sou eu. Não temais! Respondendo-lhe Pedro, disse: Se és tu, Senhor, manda-me ir ter contigo, por sobre as águas. E ele disse: Vem! E Pedro, descendo do barco, andou por sobre as águas e foi ter com Jesus. Reparando, porém, na força do vento, teve medo; e, começando a submergir, gritou: Salva-me, Senhor! E, prontamente, Jesus, estendendo a mão, tomou-o e lhe disse: Homem de pequena fé, por que duvidaste? Subindo ambos para o barco, cessou o vento. (Mt 14.25-32)

Nessa passagem, Jesus salva Pedro de se afogar no Mar da Galileia e acusa seu temeroso discípulo de possuir pouca confiança na palavra de Cristo em um momento de aflição. Pedro teve pouca fé, ao contrário do centurião.

Pedido de aumento de fé

> E trouxeram-lho; quando ele viu a Jesus, o espírito imediatamente o agitou com violência, e, caindo ele por terra, revolvia-se espumando. Perguntou Jesus ao pai do menino: Há quanto tempo isto lhe sucede? Desde a infância, respondeu; e muitas vezes o tem lançado no fogo e na água, para o matar; mas, se tu podes alguma coisa, tem compaixão de nós e ajuda-nos. Ao que lhe respondeu Jesus: Se podes! Tudo é possível ao que crê. E imediatamente o pai do menino exclamou [com lágrimas]: Eu creio! Ajuda-me na minha falta de fé!
> (Mc 9.20–24)

Deparamo-nos aqui com um pai aflito. Ele clama a Jesus que o ajude em sua pequena fé (ou falta dela). Ao dizer que *tudo é possível ao que crê*, Jesus deixa claro que, para a pessoa que confia nele de todo o coração, não há impossibilidades. A vitória que vence o mundo é a nossa fé, como João nos ensina (1Jo 5.4).

CONCLUSÃO

Tudo o que envolve a fé que agrada a Deus vem do próprio Deus. Cabe-nos apenas clamar para que ele aumente nossa fé (confiança) e que conceda fé àqueles que evangelizamos, pois, sem ele, nada podemos fazer (Jo 15.5). A fé que salva, a fé que consiste nas doutrinas em que cremos e a fé que indica o nível de confiança que, em meio às aflições, temos em Cristo vêm todas do Senhor. É dele que as recebemos e é para ele que as devolvemos, ouvindo-o e obedecendo-lhe.

ASSIMILANDO

1. O que é fé?
___
___
___
___

2. Quais são os três tipos de fé que existem?
___
___
___
___

3. Explique a fé como um dom para a salvação.
___
___
___
___

PARA O PRÓXIMO ENCONTRO

1. Leia e marque em sua Bíblia os seguintes versículos: 1Coríntios 1.18; Lucas 23.26; Colossenses 2.14-15; 1Pedro 2.24; Hebreus 12.2; Mateus 16.24-25.

2. O que os textos acima têm em comum?
___
___
___
___

3. Ore pelos seguintes motivos:

a) Agradeça a Deus pela fé que, um dia, ele pôs em seu coração (ou, caso entenda que ainda não possui a fé salvífica, clame a Deus que lhe dê a fé que vem dele).

b) Peça a Deus que, dia a dia, aumente a fé (confiança) que há em você, a fim de que as aflições não o façam desistir.

c) Peça a Deus que a fé que há em você seja sincera e verdadeira aos olhos dele.

CAPÍTULO 8
A CRUZ

"Mas Deus prova o seu próprio amor para conosco pelo fato de ter Cristo morrido por nós, sendo nós ainda pecadores." (Rm 5.8)

A cruz de Cristo é o sinal maior do amor de Deus pela humanidade caída e perdida. Como diz o texto bíblico acima, na cruz, Deus prova seu amor para com os homens. No entanto, sem entender o que a cruz significa em seu contexto, parecerá um absurdo dizer que Deus demonstra seu amor por nós na cruz.

Escrever sobre a cruz me lembra a história de Carlos. Carlos tinha uma vida que parecia estar em constante queda livre. Desde muito jovem, sentiu o peso das dificuldades familiares e do abandono emocional. Com o tempo, a falta de propósito e as pressões que sentia o levaram a procurar consolo em más companhias e, eventualmente, nas drogas. No início, usava drogas apenas aos finais de semana, como uma "fuga" temporária, mas, com o tempo, o uso se tornou mais frequente e intenso, afetando seus relacionamentos, trabalho e saúde.

Carlos chegou a perder amigos e empregos, foi preso por pequenos furtos que fazia para sustentar o vício e acabou morando na rua por um período. A solidão e o vazio que sentia eram insuportáveis, mas, por mais que tentasse, não conseguia sair do ciclo destrutivo. Aos poucos, perdeu a esperança e passou a acreditar que sua vida sempre seria assim, marcada pelo sofrimento e pelo vício. Em momentos de maior desespero, ele até desejava que sua vida terminasse, sentindo-se completamente sem valor.

Foi durante uma noite particularmente difícil que Carlos encontrou um grupo de voluntários que faziam um trabalho evangelístico no bairro por onde ele perambulava. Eles distribuíam alimentos e conversavam com as pessoas, oferecendo conselhos e palavras de encorajamento. Ao receber uma refeição quente, Carlos sentiu uma mistura de gratidão e vergonha. Um dos voluntários, chamado André, o abordou com um sorriso e perguntou como ele estava. A princípio, Carlos estava fechado, sem vontade de conversar, mas algo na maneira gentil e paciente de André o fez baixar a guarda.

André começou a compartilhar uma mensagem sobre o amor e o sacrifício de Jesus, explicando que Deus se importava profundamente com cada pessoa, independentemente de sua condição. Ele contou a Carlos sobre a cruz e como Jesus escolheu morrer para salvar aqueles que se sentiam perdidos e quebrados. Para Carlos, a ideia de alguém que carregou voluntariamente a dor e o pecado da humanidade era quase incompreensível. Ele nunca havia experimentado um amor assim — incondicional e sacrificial. Carlos ouviu em silêncio, mas, por dentro, sentiu que uma mudança se iniciara. Pela primeira vez em anos, uma pequena chama de esperança acendeu-se em seu coração.

Os dias que se seguiram foram um conflito entre sua vontade de mudar e o peso de seus vícios. Ele se lembrava das palavras sobre a cruz e do amor de Jesus, mas as drogas ainda

A cruz

o prendiam. André, no entanto, não desistiu dele. Continuou a visitá-lo, oferecendo apoio e encorajamento. Finalmente, Carlos tomou uma decisão que mudaria sua vida: aceitou o convite de André para se internar em uma clínica cristã de reabilitação, onde teria a oportunidade de buscar ajuda.

No início, o processo foi difícil. Carlos experimentava crises de abstinência, dores físicas e uma avalanche de emoções reprimidas. Em seus piores momentos, lembrava-se do que havia aprendido sobre Jesus, aquele que também sofreu e enfrentou a dor. A cruz passou a ser seu ponto de força e inspiração. A cada dia que passava, Carlos começava a compreender mais profundamente o significado do sacrifício de Jesus. Ele entendeu que o amor de Cristo não exigia nada em troca, mas apenas que ele se arrependesse de seus pecados, cresse em Cristo como seu Salvador, Senhor, resgatador e libertador, e aceitasse o perdão e a nova vida oferecidos por Deus.

Depois de meses na clínica, Carlos estava sóbrio e encontrava-se numa nova fase. Porém, ele sabia que sua jornada não havia terminado. Decidiu que precisava compartilhar o que experimentara com outros que enfrentavam as mesmas lutas. Com a ajuda da igreja local, Carlos começou a participar de reuniões e grupos de apoio para dependentes químicos, contando sua história de transformação. Seu testemunho tocava aqueles que, como ele, sentiam-se presos ao vício e sem esperança. Ele não apenas falava sobre sua recuperação, mas sobre a cruz, o amor de Cristo e como esse amor havia sido sua âncora.

Carlos acabou criando um ministério chamado Esperança na Cruz, por meio do qual, com o apoio de outros voluntários, ajudava pessoas a encontrarem uma nova vida. Ele oferecia não apenas ajuda prática, mas também uma mensagem de fé, mostrando que, assim como ele havia encontrado esperança em Cristo, outros também podiam encontrá-la. Em seu trabalho, Carlos sempre se lembrava das noites sombrias que havia enfrentado e da graça que o havia resgatado. Ele compreendeu que a cruz não era apenas um símbolo de fé, mas uma prova viva de um amor que transforma, cura e liberta. Para Carlos, a mensagem de Jesus era mais do que uma doutrina; era a própria razão de sua vida renovada.

CADA CRUZ EM SEU CONTEXTO

Cristo falou sobre a nossa cruz e a dele. Há diferença. Abaixo, procuraremos compreender a cruz em seu contexto e o que ela significa para nós.

A cruz de Jesus

Pela cruz de Cristo, os nossos pecados são expiados. Expiação é o ato de Cristo levar em si a nossa culpa e condenação; é, segundo o dicionário, "sofrer os efeitos ou consequências de algo errado ou malfeito".[7]

Para entender melhor o que é expiar, precisamos nos lembrar de que Deus nos criou para desfrutarmos de íntima comunhão com ele. Não havia nada que nos separava de Deus. Havia conversas e intimidade (Gn 3.8). Havia santidade. No entanto, Adão e Eva caíram diante da mentira e tentação da serpente.

Após a Queda, toda a comunhão que havia entre Deus e homens se desfez. "Todos pecaram e carecem da glória de

---

7 "Expiar", em *Dicionário Michaelis On-Line* (São Paulo: Editora Melhoramentos, 2015), disponível em: michaelis.uol.com.br/moderno-portugues/busca/portugues-brasileiro/expiar (acesso em 22/11/2024).

Deus" (Rm 3.23). Houve uma completa separação entre Deus e os seres humanos. A partir desse momento, os homens passaram a viver segundo sua própria vontade, rebelando-se contra tudo (ou quase tudo) que o Senhor havia dito. E assim é até hoje. Já nascemos em rebelião contra Deus (Sl 51.5) e vivemos toda a vida com o coração inclinado contra ele, sendo totalmente incapazes de buscá-lo, uma vez que estamos mortos em nossos delitos e pecados (Ef 2.1).

A consequência natural dessa vida voltada contra Deus e da quebra de suas leis é a punição — a aplicação da justiça divina sobre os infratores de sua Lei. O problema é que não há quem não tenha infringido a Lei, como vimos acima. Assim, todos estamos obrigados a prestar contas diante do Juiz de toda a Terra (Gn 18.25), de modo que seremos julgados por ele com justiça e sofreremos as consequências e penas devidas às nossas transgressões.

Se Deus enviasse todos os seres humanos para o lugar de condenação e punição eternas, não deixaria de ser justo. Mas, como diz o versículo que serve como epígrafe deste capítulo, "Deus prova o seu próprio amor para conosco pelo fato de ter Cristo morrido por nós, sendo nós ainda pecadores" (Rm 5.8).

É aqui que entram Cristo e sua cruz. No início, houve uma promessa de resgate para aqueles que estariam, por causa do pecado, debaixo do poder do diabo:

> Porei inimizade entre ti e a mulher, entre a tua descendência e o seu descendente. Este te ferirá a cabeça, e tu lhe ferirás o calcanhar. (Gn 3.15)

Logo no início da criação, é prometida a vinda daquele que esmagaria a cabeça da serpente. O profeta Isaías, séculos antes do nascimento de Cristo, amplia a visão do momento em que o "descendente da mulher" feriria a cabeça da serpente:

> Certamente, ele tomou sobre si as nossas enfermidades e as nossas dores levou sobre si; e nós o reputávamos por aflito, ferido de Deus e oprimido. Mas ele foi traspassado pelas nossas transgressões e moído pelas nossas iniquidades; o castigo que nos traz a paz estava sobre ele, e pelas suas pisaduras fomos sarados. Todos nós andávamos desgarrados como ovelhas; cada um se desviava pelo caminho, mas o Senhor fez cair sobre ele a iniquidade de nós todos. (Is 53.4-6)

Na cruz, Jesus reconciliou os seres humanos caídos com Deus (2Co 5.17-19) — obviamente, não todos os seres humanos, mas aqueles que se arrependessem de seus pecados e fossem transformados em adoradores de Deus. Jesus, por meio de seu sacrifício na cruz, cancelou toda a dívida, culpa e condenação que essas pessoas tinham com Deus:

> ... tendo cancelado o escrito de dívida, que era contra nós e que constava de ordenanças, o qual nos era prejudicial, removeu-o inteiramente, encravando-o na cruz; e, despojando os principados e as potestades, publicamente os expôs ao desprezo, triunfando deles na cruz. (Cl 2.14-15)

> ... e reconciliasse ambos em um só corpo com Deus, por intermédio da cruz, destruindo por ela a inimizade. (Ef 2.16)

A cruz

Cristo destruiu, na agonia da cruz, a inimizade que havia entre Deus e os seres humanos. O Pai derramou sobre seu Filho toda a ira de Deus que recairia sobre nós na eternidade e o abandonou por completo. Jesus tomou o nosso lugar, sofreu por nós, fez-se culpado por nós e, assim, nos justificou aos olhos de Deus. Com sua obra na cruz, Jesus possibilitou a reconciliação. Graças à cruz, hoje podemos falar com Deus e ter comunhão com ele:

> ... e que, havendo feito a paz pelo sangue da sua cruz, por meio dele, reconciliasse consigo mesmo todas as coisas, quer sobre a terra, quer nos céus. (Cl 1.20)

Sem dúvida, como Paulo diz em 1Coríntios 1.18, a cruz é "loucura para os que se perdem". No entanto, sem ela, estamos todos perdidos. A cruz de Cristo, assim, nos apresenta o que, por amor, Deus foi capaz de fazer por nós para nos resgatar de nossa perdição.

A NOSSA CRUZ

Contudo, além da cruz de Cristo, há também a nossa. Cada um de nós deve tomar sua cruz para seguir a Jesus. O que, porém, a nossa cruz significa? Antes de fazermos qualquer definição, vejamos o que Jesus falou:

> Então, disse Jesus a seus discípulos: Se alguém quer vir após mim, a si mesmo se negue, tome a sua cruz e siga-me. (Mt 16.24)

> Então, convocando a multidão e juntamente os seus discípulos, disse-lhes: Se alguém quer vir após mim, a si mesmo se negue, tome a sua cruz e siga-me. (Mc 8.34)

Três pontos são colocados por Jesus:

1. Negar-se a si mesmo;
2. Tomar a sua cruz;
3. Seguir a Jesus.

Negar a si mesmo significa você olhar para si, para a vida que viveu até agora, e decidir crucificá-la, isto é, mortificá-la, deixá-la para trás, a fim de iniciar uma nova vida com Cristo. Negar a si mesmo é o mesmo que morrer para este mundo, para a vida que você viveu até aqui, e estar pronto para começar uma nova vida com Jesus Cristo (Gl 2.20).

Tomar a cruz significa carregar consigo a lembrança de que você é uma pessoa morta. As pessoas que "tomavam sua cruz" na época do Império Romano não tinham mais esperança de vínculos com este mundo, pois compreendiam que já estavam mortas, condenadas. A cruz do cristão, contraditoriamente, não o mata, mas o traz para a verdadeira vida. Ela apenas nos mata para o pecado, para este mundo e seus prazeres mentirosos. Assim, tomar a sua cruz significa que você viverá neste mundo como se não vivesse mais aqui, renunciando a todo prazer mentiroso que se apresentar a você e negando os ídolos que tentam seduzi-lo para entrar em seu coração.

Seguir a Jesus significa olhar para ele, aprender dele, imitá-lo, obedecer-lhe (Jo 15.14) e guardar os seus mandamentos (Jo 14.15). Obviamente, sem entrega, busca e comunhão diárias, isso não é fácil nem possível. Apenas uma vida de comunhão com Deus possibilitará que você siga a Jesus como o próprio Deus espera.

Qualquer pessoa que não der esses três passos não pode ser considerada cristã de verdade. Veja o que disse Jesus:

> E qualquer que não tomar a sua cruz e vier após mim não pode ser meu discípulo. (Lc 14.27)

A única razão da alegria de Paulo era o fato de Cristo ter morrido na cruz em seu lugar, de maneira que ele estava crucificado com Cristo e, ao mesmo tempo, carregava a sua própria cruz:

> Mas longe esteja de mim gloriar-me, senão na cruz de nosso Senhor Jesus Cristo, pela qual o mundo está crucificado para mim, e eu, para o mundo. (Gl 6.14)

A CRUZ DE CRISTO NÃO O TORNA UM MÁRTIR

A cruz não tornou Cristo um mártir, mas um Resgatador, um Salvador. Ele não morreu na cruz como um exemplo, mas como um substituto dos seres humanos arrependidos e convertidos a ele. Sua condenação foi esta:

> Pilatos escreveu também um título e o colocou no cimo da cruz; o que estava escrito era: JESUS NAZARENO, O REI DOS JUDEUS. (Jo 19.19)

Esse Jesus de Nazaré é o Messias prometido no Antigo Testamento, aquele que viria para, na cruz, destruir a obra da serpente, destruir o poder do pecado e da morte, reconciliar um povo com Deus. Esse povo desfrutará de comunhão com a Santíssima Trindade por toda a eternidade (1Co 15.54-57).

CONCLUSÃO

A cruz é o símbolo mais especial do cristianismo. É a mais doce lembrança, embora, para Cristo, tenha custado o sofrimento que nenhum ser humano será jamais capaz de imaginar ou suportar. Cristo não suportou apenas a dor física, mas a dor espiritual de carregar toda a nossa culpa e condenação. Ele foi alvo da ira de Deus, que, embora devesse cair sobre nós, foi derramada sobre ele. Assim, hoje, quando Deus olha para aquela cruz, não vê seu Filho, mas a você e a mim, pessoas por quem Jesus morreu. Além disso, hoje, quando ele olha para nós, não vê aquilo que somos, mas vê o seu próprio Filho em nós. Glorifique a Deus todos os dias por isso!

ASSIMILANDO

1. O que Jesus destruiu na cruz?
___
___
___
___

2. O que a cruz significa para o cristão?
___
___
___
___

3. O que significa você tomar a sua própria cruz?
___
___

PARA O PRÓXIMO ENCONTRO

1. Leia e marque em sua Bíblia os seguintes versículos: Levítico 20.7; Isaías 8.13; Romanos 8.1; Gálatas 1.3-5; Efésios 3.17; Hebreus 13.12; 1Pedro 1.16.

2. O que os textos acima têm em comum?

3. Ore pelos seguintes motivos:
a) Agradeça a Deus pela cruz de Cristo, na qual ele tomou o seu lugar, dando sua vida por você.
b) Peça a Deus que o ajude a negar a si mesmo e tomar a sua cruz diariamente, morrendo para este mundo e para tudo que ofende a Deus e sua santidade.
c) Adore a Deus pelo fato de não haver mais nenhuma condenação para aqueles que estão em Cristo Jesus (Rm 8.1).

CAPÍTULO 9
A SANTIDADE

> ... porque escrito está: sede santos, porque eu sou santo.
> (1Pe 1.16)

Santidade não tem nada a ver com perfeição. Ser santo não significa ser posto em um pedestal, com o fim de ser venerado por outras pessoas. Santidade sequer é um padrão de vida, mas uma graça dada por Deus a pessoas que ele, por sua graça, deseja santificar.

Por outro lado, santidade tem a ver com doação, separação e transformação. Todos somos chamados à santidade. Todos temos um padrão de santidade, que é Deus. Não havendo santificação em nossas vidas e histórias, não poderemos ver a face de Deus (Hb 12.14).

DOAÇÃO

> Por isso, foi que também Jesus, para santificar o povo, pelo seu próprio sangue, sofreu fora da porta. (Hb 13.12)

A morte de Jesus na cruz do Calvário também teve o objetivo de santificar um povo. A ideia por detrás da santificação é a separação — um povo que vivia em meio a vícios e pecados é arrancado de seu estilo de vida, para que passe a viver uma vida nova, diferente, separada de seus hábitos pregressos.

Há outra passagem bíblica que menciona a santidade nesses mesmos termos:

> ... graça a vós outros e paz, da parte de Deus, nosso Pai, e do [nosso] Senhor Jesus Cristo, o qual se entregou a si mesmo pelos nossos pecados, para nos desarraigar deste mundo perverso, segundo a vontade de nosso Deus e Pai, a quem seja a glória pelos séculos dos séculos. Amém! (Gl 1.3-5)

A palavra "desarraigar" indica a ação de Deus em nos separar da vida de pecado que vivíamos, sem comunhão com ele, sem nos importar se o que fazíamos lhe agradava. Jesus se entregou a fim de nos desarraigar de um estilo de vida autocentrado e nos levar a uma vida centrada em Deus.

Assim, para que fôssemos santificados e nos tornássemos aquilo que a Palavra de Deus chama de "santos", foi necessário que, primeiramente, Cristo se doasse por nós. Sem essa doação, não haveria santificação.

Foi a doação de Cristo que permitiu que recebêssemos o que pertence apenas a ele. A santidade que nos é atribuída é a santidade de Cristo. Somos santos pelo fato de Jesus ser santo, ter-se dado por nós e ter revestido nossa alma com seu Espírito. Se Cristo habita ricamente em nossos corações (Ef 3.17), tornamo-nos santos graças à santidade dele, que é transmitida a cada um de nós.

Jesus sofreu no Calvário por nós para nos santificar. Lavados pelo sangue de Cristo, imediatamente somos separados (santificados) das pessoas que, por seus pecados, ainda permanecem condenadas ao sofrimento eterno. Uma vez separados, nenhuma condenação mais há para nós, que estamos em Cristo Jesus (Rm 8.1).

SEPARAÇÃO

As palavras registradas em Gálatas 1.3-5 (lidas acima) expressam claramente a separação que ocorre na salvação. Fomos salvos com o fim de sermos separados. Santificação é separação. Ser santificado significa ser separado, afastado. Porém, do que exatamente Deus quer nos separar e afastar?

Conhecemos bem a nossa antiga vida. Todos conhecemos os nossos próprios pecados. Uma vez que nos voltamos para Deus, sabemos exatamente o que deve ser mudado, transformado. Todos sabemos do que devemos ser separados (veja Ef 4.17-32).

É importante que saibamos que essa separação é, antes de tudo, um ato da vontade de Deus, conforme Gálatas 1.4: "[Jesus] se entregou a si mesmo pelos nossos pecados, para nos desarraigar deste mundo perverso, *segundo a vontade de nosso Deus e Pai*."

É Cristo quem separa. Ele é o Senhor e santificador de seu povo. Sem dúvida, há algo que se espera de nós, povo de Deus, mas não podemos jamais imaginar que a nossa santidade seja mérito propriamente nosso.

Para que sejamos santos, foi necessário que Cristo padecesse em nosso lugar e decidisse nos santificar, desarraigando-nos deste mundo perverso. Antes de a santidade ser um desejo de nossos corações, ela foi um desejo do próprio Deus, pois foi "segundo a vontade de nosso Deus e Pai" que Cristo nos desarraigou do mundo.

Isso deve gerar gratidão em nosso coração. Devemos ser gratos a Deus pela decisão que ele tomou de nos santificar, preparando-nos, assim, para uma nova vida com ele.

TRANSFORMAÇÃO

Embora a santificação seja um processo que começa em Deus, há algo que se espera de nós após a nossa salvação. Mesmo que Deus tenha santificado um povo para si, deixou claro que esperava que os seus membros se santificassem também:

> Portanto, santificai-vos e sede santos, pois eu sou o Senhor, vosso Deus. (Lv 20.7)

Embora Deus nos santifique, também espera que haja em nossa vida um esforço santificador, uma busca consciente por cumprir sua Palavra. Isso não nos traz qualquer mérito, pois todo mérito pertence a Cristo. A obediência é, antes de tudo, um ato de amor de nossa parte, amor por aquele que nos chamou e nos libertou (desarraigou) do império das trevas (Cl 1.13).

> Ao Senhor dos Exércitos, a ele santificai; seja ele o vosso temor, seja ele o vosso espanto. (Is 8.13)

A Palavra diz que temos de nos santificar, e ela mesma explica que o que deve ser "separado" (santificado) é o nosso temor e o nosso espanto. É a Deus que devemos temer, é diante de seu nome que devemos tremer. Isso significa que devemos nos preocupar com o que Deus pensa de nós, com o que ele vê em nós e com o que ele diz sobre nós.

A santidade

Via de regra, uma vida sem santificação gera em nós completa despreocupação com o que Deus pensa sobre nós. Tendemos a nos preocupar mais com o que os outros pensam sobre nós do que com o que Deus pensa a nosso respeito.

Assim como um pai se alegra ao ver o filho a imitá-lo, nosso Pai celestial também espera que, como filhos, queiramos imitá-lo. Nossa busca pela santificação demonstra um coração que deseja ser como o Pai. Isso só é possível quando o amamos verdadeiramente e queremos agradá-lo com nossas palavras e ações.

> Segui a paz com todos e a santificação, sem a qual ninguém verá o Senhor. (Hb 12.14)

De maneira claríssima, o autor de Hebreus afirma que, sem a busca pela santificação pessoal, nenhum de nós jamais verá a Deus.

Permita-me, abaixo, compartilhar a história de uma jovem chamada Renata, que, em seu trabalho, foi desafiada a viver de forma santa, a fim de não pecar e agir de forma antiética e corrupta.

Renata era uma dedicada professora em uma escola pública, na qual lecionava havia muitos anos. Sempre amou seu trabalho e acreditava profundamente na missão de educar e influenciar positivamente as novas gerações. No entanto, como cristã, frequentemente se deparava com situações que testavam seus valores e sua fé. A escola onde trabalhava sofria com a pressão constante para manter bons resultados e garantir uma imagem de excelência. Muitas vezes, essa pressão levava alguns colegas e diretores a agirem de forma pouco ética para "ajustar" os resultados.

O primeiro conflito sério aconteceu quando Renata, que era responsável por uma turma de alunos com dificuldade de aprendizado, foi pressionada pela direção a ajustar algumas das notas, para que as médias da escola não fossem prejudicadas. Ela sabia que muitos de seus alunos lutavam para alcançar o desempenho esperado, mas também acreditava que manipular as notas não era uma forma honesta de ajudá-los. O diretor a chamou para uma conversa e lhe explicou, com um tom quase ameaçador, que a imagem da escola dependia de certas "adaptações" e que isso era para o "bem maior".

Renata, no entanto, recusou a proposta educadamente. Disse ao diretor que, como professora e como cristã, não poderia trair sua própria consciência nem enganar os pais e os próprios alunos sobre o desempenho deles. Ela acreditava que sua missão era ensinar e ajudar as crianças a crescerem, mesmo que isso significasse enfrentar os desafios dos resultados reais. Ao sair da sala, foi advertida de que essa postura poderia "complicar sua posição" na escola e foi incentivada a pensar mais sobre o assunto.

Os dias que se seguiram foram difíceis. Alguns colegas começaram a vê-la como uma pessoa inflexível, e houve quem sussurrasse que Renata "achava-se melhor que os outros". Apesar das críticas e da tensão, Renata se manteve firme. Ela acreditava que a santidade não era apenas um conceito abstrato, mas uma postura de vida: significava viver de acordo com os ensinamentos de Cristo, mesmo quando isso significava ir contra a corrente. Para ela, ser cristã não se expressava

A santidade

apenas nas palavras, mas no testemunho diário de honestidade, integridade e amor pela verdade.

Com o tempo, os alunos e até alguns pais começaram a notar sua dedicação. Ela passou a ser procurada por aqueles que queriam uma orientação honesta e transparente sobre o progresso dos filhos. Muitos alunos também passaram a confiar nela, vendo que era uma professora justa e sempre disposta a ajudar quem estivesse realmente interessado em aprender. Renata investia tempo extra, organizando grupos de estudo após a aula, e se esforçava para que cada criança, independentemente de sua situação ou dificuldade, recebesse a melhor educação possível.

Em uma das reuniões de pais, a mãe de um aluno foi até Renata para lhe agradecer. Essa mãe explicou que o filho sempre teve dificuldades na escola e que Renata havia sido a primeira professora a abordar as dificuldades dele com transparência, oferecendo um apoio real. "Pela primeira vez, sinto que alguém realmente se importa com o aprendizado do meu filho e não apenas com os resultados no boletim", ela disse. Aquelas palavras trouxeram um novo ânimo a Renata, reforçando sua convicção de que, mesmo enfrentando pressões e incompreensões, estava no caminho certo.

Passaram-se os anos, e Renata se tornou um exemplo de ética e dedicação para seus colegas e alunos. Muitos outros professores começaram a perceber que sua postura tinha um impacto positivo e inspirador. O diretor, que, inicialmente, a havia pressionado para ajustar as notas, passou a respeitá-la e, em certa ocasião, reconheceu publicamente a importância de sua honestidade em uma reunião da escola. "Precisamos de mais professores que coloquem o ensino e a ética acima de qualquer resultado", ele disse, mencionando Renata como uma referência.

Renata entendeu que sua firmeza não apenas preservava sua integridade, mas também promovia uma cultura de respeito e verdade. Ela continuou ensinando, sempre comprometida com seus valores e sua fé, mostrando aos alunos e colegas que a santidade é uma vida vivida de acordo com a verdade e o amor, seja dentro, seja fora da sala de aula. Ao longo dos anos, sua vida se tornou um testemunho vivo de que a verdadeira educação não se constrói com atalhos, mas com dedicação, honestidade e, para os cristãos, com santidade.

CONCLUSÃO

Santificação é, ao mesmo tempo, fruto da bondade e soberania de Deus sobre nossas vidas e, consequentemente, fruto de nosso esforço e busca pessoal para agradar ao Senhor. Jesus disse a todos que queriam segui-lo:

> Dizia a todos: Se alguém quer vir após mim, a si mesmo se negue, dia a dia tome a sua cruz e siga-me. (Lc 9.23)

É nossa responsabilidade negarmos a nós mesmos e morrermos diariamente. É isso que significa tomarmos nossa cruz e segui-lo. Dia a dia, somos desafiados a morrer e a nos separarmos deste mundo para Cristo. Deus espera isso de nós. Ele se deu por nós e não espera nada menos que nos entreguemos por ele também.

ASSIMILANDO

1. O que significa santificação?
___
___
___
___

2. Quais são as três formas como a santificação é apresentada nas Escrituras?
___
___
___
___

3. Explique o que Deus espera de nós no processo de transformação.
___
___
___
___

PARA O PRÓXIMO ENCONTRO

1. Leia e marque em sua Bíblia os seguintes textos: Mateus 26.32; 28.1-20; Atos 4.33; Romanos 6.5; 1Coríntios 15.12-14.

2. O que os textos acima têm em comum?
___
___

_____

_____

3. Ore pelos seguintes motivos:

a) Louve a Deus por tê-lo santificado por meio da obra de Cristo na cruz e pelo sangue de Jesus, que o separa deste mundo.

b) Peça a Deus que o ajude em sua luta pela santificação pessoal e pela transformação de seu caráter.

c) Adore a Deus pelo fato de não haver mais nenhuma condenação para aqueles que estão em Cristo Jesus (Rm 8.1) e por Deus tê-lo desarraigado deste mundo tenebroso.

CAPÍTULO 10
A RESSURREIÇÃO

"Porque, se fomos unidos com ele na semelhança da sua morte, certamente, o seremos também na semelhança da sua ressurreição." (Rm 6.5)

A ressurreição é, sem dúvida, o evento mais extraordinário da história. Nada se equipara ao que aconteceu naquela manhã de domingo, quando as mulheres foram ao túmulo visitar o corpo de Jesus e o encontraram vazio.

O túmulo vazio confirmou tudo o que o Messias havia dito anteriormente sobre si mesmo e sobre sua obra. Neste capítulo, deixaremos que o texto, acima de tudo, fale por si.

JESUS HAVIA DITO QUE RESSUSCITARIA

A primeira consideração que faço é que a ressurreição de Cristo não foi totalmente surpresa para os discípulos. Eles haviam sido exortados quanto a isso. Jesus lhes dissera expressamente que, após três dias, ressuscitaria. No entanto, mesmo que tenha sido predita com tanta clareza, a ressurreição não parece ter gerado grande expectativa nos discípulos.

Vejamos os textos nos quais Jesus alega que ressuscitaria:

> Desde esse tempo, começou Jesus Cristo a mostrar a seus discípulos que lhe era necessário seguir para Jerusalém e sofrer muitas coisas dos anciãos, dos principais sacerdotes e dos escribas, ser morto e ressuscitado no terceiro dia. (Mt 16.21)

> Reunidos eles na Galileia, disse-lhes Jesus: O Filho do Homem está para ser entregue nas mãos dos homens; e estes o matarão; mas, ao terceiro dia, ressuscitará. Então, os discípulos se entristeceram grandemente. (Mt 17.22-23)

> Eis que subimos para Jerusalém, e o Filho do Homem será entregue aos principais sacerdotes e aos escribas. Eles o condenarão à morte. E o entregarão aos gentios para ser escarnecido, açoitado e crucificado; mas, ao terceiro dia, ressurgirá. (Mt 20.18-19)

> Mas, depois da minha ressurreição, irei adiante de vós para a Galileia. (Mt 26.32)

Esses textos deixam claro que a ressurreição não foi uma surpresa. Todos sabiam o que aconteceria. Porém, não percebemos prontidão por parte dos discípulos. Talvez eles mantivessem uma vaga lembrança, mas não pareciam ter grande expectativa de que Cristo ressurgisse dentre os mortos. O local onde colocaram o corpo de Jesus Cristo é um indicativo da baixa expectativa que tinham.

O LOCAL DO SEPULTAMENTO

> Caindo a tarde, veio um homem rico de Arimatéia, chamado José, que era também discípulo de Jesus. Este foi ter com Pilatos e lhe pediu o corpo de Jesus. Então, Pilatos mandou que lho fosse entregue. E José, tomando o corpo, envolveu-o num pano limpo de linho e o depositou no seu túmulo novo, que fizera abrir na rocha; e, rolando uma grande pedra para a entrada do sepulcro, se retirou. (Mt 27.57-60)

A ressurreição

É curioso observarmos o local em que Jesus foi sepultado: dentro de uma rocha sólida, em uma área de cemitérios particulares. Um buraco foi cuidadosamente aberto dentro de uma rocha — uma prática bastante cara para a época.

À frente da sepultura, havia um pequeno buraco em desnível, por onde era possível ser rolada uma grande pedra para fechar o túmulo — um detalhe que tornava o sepultamento de Jesus ainda mais caro. De acordo com arqueólogos e historiadores, o peso de uma pedra como essa poderia ser cerca de duas toneladas, ou seja, mais que o peso de dois carros populares.

O SELO SOBRE A PEDRA

> No dia seguinte, que é o dia depois da preparação, reuniram-se os principais sacerdotes e os fariseus e, dirigindo-se a Pilatos, disseram-lhe: Senhor, lembramo-nos de que aquele embusteiro, enquanto vivia, disse: Depois de três dias ressuscitarei.
> Ordena, pois, que o sepulcro seja guardado com segurança até ao terceiro dia, para não suceder que, vindo os discípulos, o roubem e depois digam ao povo: Ressuscitou dos mortos; e será o último embuste pior que o primeiro.
> Disse-lhes Pilatos: Aí tendes uma escolta; ide e guardai o sepulcro como bem vos parecer. Indo eles, montaram guarda ao sepulcro, selando a pedra e deixando ali a escolta. (Mt 27.62-66)

Há pessoas que, absurdamente, afirmam que Jesus não ressuscitou e que tudo não passou de um embuste. Há quem negue que Jesus tenha morrido e sido literalmente sepultado. Contudo, se esse é o caso, por qual razão Pilatos destacou uma escolta para guardar o sepulcro? Por que essa escolta romana se preocupou em selar a pedra que fechava o túmulo, tornando ainda mais difícil que ele fosse aberto?

Esse selo era não só a maneira como o império comprovava a existência de um corpo dentro do túmulo, como a prova da autoridade romana sobre ele. No entanto, com a ressurreição, o selo foi rompido, a pedra foi rolada. A autoridade romana foi sobrepujada pela autoridade divina.

O TÚMULO VAZIO

> No findar do sábado, ao entrar o primeiro dia da semana, Maria Madalena e a outra Maria foram ver o sepulcro.
>
> E eis que houve um grande terremoto; porque um anjo do Senhor desceu do céu, chegou-se, removeu a pedra e assentou-se sobre ela.
>
> O seu aspecto era como um relâmpago, e a sua veste, alva como a neve. E os guardas tremeram espavoridos e ficaram como se estivessem mortos. Mas o anjo, dirigindo-se às mulheres, disse: Não temais; porque sei que buscais Jesus, que foi crucificado.
>
> Ele não está aqui; ressuscitou, como tinha dito. Vinde ver onde ele jazia. Ide, pois, depressa e dizei aos seus discípulos que ele ressuscitou dos mortos e vai adiante de vós para a Galileia;[8] ali o vereis. É como vos digo! (Mt 28.1-7)

As primeiras pessoas a terem visto o túmulo vazio foram "Maria Madalena e a outra Maria". Não sabemos se

---

[8] Em Mateus 26.32, Jesus tinha dito isto a Pedro.

A ressurreição

a motivação delas realmente era encontrar Jesus ressurreto, embora tivessem ouvido sobre isso. Elas foram para cuidar do corpo, segundo os costumes judaicos. Porém, o que viram e ouviram lá as assustou.

Após ouvirem as palavras dos anjos, foram depressa para Jerusalém — provavelmente, o centro da cidade de Jerusalém, a cerca de 15 minutos de onde estavam —, a fim de se encontrar com os demais discípulos e lhes apresentar a verdade que haviam descoberto.

Se alguém tivesse roubado o corpo de Jesus, mesmo com uma guarda montada diante do túmulo, teriam descoberto rapidamente o assalto. No entanto, nada aconteceu. Foi somente depois da ressurreição que as autoridades judaicas criaram uma desculpa para o desaparecimento do corpo:

> Reunindo-se eles em conselho com os anciãos, deram grande soma de dinheiro aos soldados, recomendando-lhes que dissessem: Vieram de noite os discípulos dele e o roubaram enquanto dormíamos. (Mt 28.12-13)

A própria autoridade romana atestou o túmulo vazio. Se os discípulos tivessem, de fato, roubado o corpo de Jesus — algo improvável para ex-pescadores desempregados —, por que um suborno foi pago? Bastaria colocar os soldados atrás dos "assaltantes". Não foi isso que se fez, porém. Nem mesmo os sacerdotes ou o sumo sacerdote acusaram alguém em particular, tendo em vista a quase impossibilidade de remoção da pedra.

Tudo isso somente aponta para o reconhecimento velado que muitos deram à ressurreição de Cristo no terceiro dia após a crucificação.

NOSSA ESPERANÇA

Nossa grande esperança está no fato de Jesus ter voltado dos mortos, vencendo a morte, garantindo-nos ser o Messias e tornando-se o primeiro a passar pela experiência que todos nós enfrentaremos um dia. Nossa futura ressurreição só será possível porque Cristo ressuscitou, como os textos bíblicos abaixo deixam claro:

> Com grande poder, os apóstolos davam testemunho da ressurreição do Senhor Jesus, e em todos eles havia abundante graça. (At 4.33)

> Porque, se fomos unidos com ele na semelhança da sua morte, certamente, o seremos também na semelhança da sua ressurreição. (Rm 6.5)

> Ora, se é corrente pregar-se que Cristo ressuscitou dentre os mortos, como, pois, afirmam alguns dentre vós que não há ressurreição de mortos? E, se não há ressurreição de mortos, então, Cristo não ressuscitou. E, se Cristo não ressuscitou, é vã a nossa pregação, e vã, a vossa fé... (1Co 15.12-14)

Pela graça de Deus, nossa fé não é vã! A garantia de que nossa alma não será destruída, eternamente separada de Deus, é a promessa de que, na ressurreição de Cristo, todos nós encontramos nossa própria ressureição. Se pregamos, nós pregamos porque Cristo ressuscitou. Se recebemos o Espírito Santo, nós o recebemos porque Cristo ressuscitou e subiu aos céus, de onde o enviou a nós.

Só podemos descansar em nossa salvação porque Deus removeu a pedra que fechava o túmulo em que o corpo de Cristo havia sido sepultado:

> E, olhando, viram que a pedra já estava removida; pois era muito grande. (Mc 16.4)

A vitória de Cristo sobre a morte também é a nossa. Aleluia!

CONCLUSÃO

Nosso Senhor Jesus Cristo descansou no poder do Pai antes de sua morte e ressurreição. Nós, de forma semelhante, só podemos descansar graças a tudo que Jesus conquistou com sua ressurreição. Ao ressurgir dentre os mortos, Cristo recebeu tudo o que ele mesmo nos daria. Só venceremos porque ele venceu. Só temos esperança graças à ressurreição de nosso Senhor. Tudo aquilo que Cristo esperava do Pai antes de sua morte (Jo 17) foi-lhe dado quando de sua ressurreição. Junto com ele, todos recebemos a mesma vitória e bênção que ele, ao ressuscitar, recebeu. É por isso que, "se Cristo não ressuscitou, é vã a nossa pregação, e vã, a vossa fé" (1Co 15.14).

ASSIMILANDO

1. Quais foram as palavras de Cristo sobre sua morte e sobre os eventos posteriores a ela?

_____
_____
_____
_____

2. Mencione algumas evidências bíblicas da ressurreição de Cristo.
_____
_____
_____
_____

3. Por que a ressurreição de Cristo é nossa grande esperança?
_____
_____
_____

PARA O PRÓXIMO ENCONTRO

1. Leia e marque em sua Bíblia os seguintes trechos: 2Coríntios 5.17; Gálatas 5.1-26.

2. O que os textos acima têm em comum?
_____
_____
_____
_____

3. Ore pelos seguintes motivos:
a) Louve a Deus por ele ter ressuscitado Jesus Cristo e por ter concedido ao seu Filho a vitória sobre o pecado, a condenação e a morte eterna.
b) Peça a Deus que o ajude a viver com a viva lembrança da esperança que a sua própria ressurreição lhe traz.

A ressurreição

c) Peça a Deus que o ajude a falar do que Deus espera dar aos seus amigos perdidos.

CAPÍTULO 11
NOVA VIDA, NOVOS HÁBITOS

"E, assim, se alguém está em Cristo, é nova criatura; as coisas antigas já passaram; eis que se fizeram novas."
(2Co 5.17)

Pedro sempre foi um empresário obstinado. Tinha uma pequena rede de lojas que, com muito esforço e dedicação, cresceu ao longo dos anos. Seu foco constante em expandir o negócio lhe rendeu sucesso e prestígio no meio empresarial, mas também um estilo de vida muito exigente. Suas horas de trabalho pareciam intermináveis. Não raramente, ele mal dormia e dedicava os finais de semana a planejar a próxima fase da empresa. Para ele, cada minuto era precioso e investido em busca de mais crescimento e lucro.

Porém, essa rotina intensa cobrava um preço alto. As conversas com sua esposa e filhos se tornaram breves e distantes. Seu casamento, antes sólido e carinhoso, parecia agora mais um compromisso de conveniência, enquanto os momentos com os filhos eram reduzidos a compromissos rápidos entre uma reunião e outra. Apesar de seu sucesso financeiro, Pedro percebia um vazio crescente e inexplicável. Ele sempre acreditou que atingir uma estabilidade financeira e conquistar tudo o que desejava traria a felicidade que buscava.

Mas, ao contrário, a realização nunca chegava, e sua vida parecia cada vez mais sem propósito.

Então, veio a crise. Pedro começou a sentir uma dor persistente no peito e ignorou os sintomas por meses, até que, um dia, durante uma reunião importante, ele se sentiu fraco e foi levado às pressas ao hospital. Após exames e diagnósticos, o médico lhe deu uma notícia impactante: Pedro estava com uma grave condição cardíaca e precisaria passar por uma cirurgia urgente. Aquela notícia foi um choque. Pela primeira vez, Pedro teve de encarar a realidade de que o sucesso e o dinheiro não podiam proteger sua saúde nem lhe garantir a felicidade.

Durante os dias de recuperação no hospital, ele recebeu a visita de um velho amigo de infância, Ricardo. Ricardo era um cristão devoto e, sabendo da situação delicada de Pedro, foi visitá-lo com a intenção de trazer consolo e apoio. Eles conversaram longamente, e Pedro acabou abrindo o coração, compartilhando sua frustração e o vazio que sentia, apesar de todas as conquistas.

Ricardo o ouviu atentamente e, então, compartilhou um pouco de sua própria experiência. Ele falou sobre como havia encontrado propósito e paz quando passou a buscar algo maior do que suas próprias ambições e expectativas. Ricardo explicou a Pedro que a verdadeira realização não estava nas conquistas materiais, mas em relacionar-se sinceramente com Deus e em viver de acordo com valores que transcendiam o mundo dos negócios e do dinheiro.

Pedro ficou tocado pelas palavras do amigo, mas ainda tinha dúvidas. No entanto, conforme os dias de recuperação avançavam, ele começou a refletir sobre o que Ricardo lhe havia dito. Ele aceitou o convite de Ricardo para começar um estudo bíblico e explorar essa nova perspectiva de vida. Mesmo sem entender muito sobre a Bíblia, Pedro começou a ler passagens diariamente, procurando por respostas para as perguntas que o atormentavam.

Ao longo dos meses, Pedro foi gradualmente transformando seus hábitos. Ele passou a acordar mais cedo para um tempo de oração e leitura da Bíblia. Pela primeira vez, começou a refletir sobre seu propósito de vida de uma maneira que ia além do lucro e dos negócios. Ele aprendeu a apreciar o valor de momentos simples e autênticos, sem a pressão de um relógio ou de metas incessantes.

Esse novo direcionamento espiritual começou a impactar outras áreas de sua vida. Ele passou a dedicar mais tempo à família, a estar presente nas conversas e nas atividades dos filhos e a reaproximar-se de sua esposa. Lentamente, eles reconstruíram o relacionamento, agora com uma base de respeito e amor, a qual, infelizmente, havia sido negligenciada.

Além disso, Pedro também começou a se envolver em serviços comunitários. Ele encontrou propósito em ajudar os outros — algo que, antes, ele nunca havia considerado importante. Passou a contribuir com uma organização local que oferecia apoio a pessoas em situação de vulnerabilidade e, com o tempo, até usou sua experiência empresarial para ajudá-las a desenvolver projetos e arrecadar fundos.

Essa mudança trouxe um novo sentido à vida de Pedro. Ele não abandonou seu trabalho, mas agora sua perspectiva tinha mudado completamente. O sucesso deixou de ser o único objetivo e se tornou um meio para realizar algo maior, ajudando outros e investindo em relacionamentos significativos. Seus colegas de trabalho e até outros empresários notaram a transformação em sua postura, e Pedro passou a ser procurado como mentor, não apenas pelos resultados de seu trabalho, mas pelo equilíbrio e paz que irradiava.

Pedro descobriu que, ao permitir que sua fé o guiasse e ao colocar o foco em algo maior do que ele mesmo, sua vida ganhou um significado profundo. O vazio que antes sentia foi preenchido com uma paz duradoura e com a alegria de uma vida que, agora, estava focada em valores eternos. Ele não apenas se tornou um homem mais pleno e satisfeito, mas também um exemplo de que o verdadeiro sucesso vai muito além do que o dinheiro pode comprar.

Quando nos convertemos a Jesus, algo novo nasce em nós. Tudo o que já aprendemos sobre o Evangelho, o arrependimento, a fé, o significado verdadeiro da cruz, a importância da santidade e o real significado da ressurreição nos faz enxergar a vida de um modo novo.

Todavia, não é apenas o modo como enxergamos a vida que é novo. Tudo se faz novo quando nos encontramos com Cristo. Nosso passado é perdoado e apagado diante de Deus, que faz todas as coisas se tornarem novas. E, nesta nova vida, é importante que compreendamos como agir e viver.

AS COISAS ANTIGAS JÁ PASSARAM

> E, assim, se alguém está em Cristo, é nova criatura; as coisas antigas já passaram; eis que se fizeram novas. (2Co 5.17)

A primeira lição que esse verso nos dá é que, em Cristo, somos novas criaturas. Criaturas de Deus se tornam filhas de Deus. Antes, éramos apenas criaturas. Agora, somos criaturas adotadas e transformadas em filhas de Deus. Somos, de fato, novas criaturas (veja Jo 1.12-13; Rm 8.14-15; Gl 3.26; Ef 1.5)

Essa nova vida traz consigo a mensagem de que "as coisas antigas já passaram". Que coisas antigas são essas? Trata-se das práticas pecaminosas anteriores à nossa conversão. Pensamentos, atitudes, decisões — tudo o que fizemos antes de nossa conversão é agora apagado por Deus.

As consequências de certos pecados permanecem. Se, por exemplo, você matou alguém, ainda que Deus possa perdoá-lo, você terá de arcar com as consequências de seu pecado, sendo submetido ao devido processo legal. As consequências permanecem, mas a culpa e a condenação no tribunal divino são apagadas, graças aos méritos de Jesus que são derramados sobre você. É isso que significa a frase "as coisas antigas já passaram".

Agora, "eis que se fizeram novas". Deus torna tudo novo. Você possui uma nova vida, uma nova história, e deve vivê-la para a glória de Deus. Tudo o que foi "escrito" sobre seu passado agora é apagado e lançado no mar do esquecimento (veja Mq 7.18-19).

A LIBERDADE DA NOVA VIDA

Aqui encontramos outro aspecto maravilhoso da nossa nova vida em Cristo: a liberdade. A liberdade que é obtida na nova vida com Cristo é a causa primeira da paz que o convertido sente. Quando ele se vê finalmente livre daquilo que, no passado, o prendia, alegria e paz enchem sua alma. Paulo escreveu:

> Para a liberdade foi que Cristo nos libertou. Permanecei, pois, firmes e não vos submetais, de novo, a jugo de escravidão. (Gl 5.1)

Essa é uma informação preciosa. A partir do momento em que estamos com Cristo, nós nos tornamos livres. Não podemos nos esquecer dessa maravilhosa liberdade. Digo isso porque todos sabemos quão intensamente a força de nossa carne agirá em nosso interior, para nos trazer de volta à escravidão do pecado.

Se Cristo nos libertou, devemos permanecer firmes e não nos submetermos, de novo, a jugo de escravidão. É possível que, mesmo tendo sido libertos, nos entreguemos novamente ao pecado e nos tornemos escravos outra vez daquilo que, um dia, Cristo nos libertou.

A libertação, de acordo com Paulo, é obra de Deus. O ato de permanecer firme, longe da escravidão, é obra de cada um de nós. Ainda que saibamos que Deus nos ajuda e nos dá graça para que permaneçamos longe do pecado, ficar longe de cair em tentação depende de nós.

Não pense que é muito fácil permanecer longe do pecado. Ele sempre estará à porta do seu coração. Sempre! Não se submeta a ele. Deus lhe deu poder para subjugar o pecado. Ele mesmo disse a Caim: "o seu desejo [do pecado] será contra ti, mas a ti cumpre dominá-lo" (Gn 4.7). Não se submeta ao pecado, pois isso poderá trazê-lo de novo ao jugo da escravidão.

Paulo nos dá outra razão por que devemos lutar contra o pecado e permanecer livres:

> Porque vós, irmãos, fostes chamados à liberdade; porém não useis da liberdade para dar ocasião à carne; sede, antes, servos uns dos outros, pelo amor. (Gl 5.13)

Em primeiro lugar, fomos chamados à liberdade pelo próprio Deus. Ele nos liberta e nos convida a permanecermos livres. Isso, por si só, já é maravilhoso. De fato, "onde está o Espírito do Senhor, aí há liberdade" (2Co 3.17).

Em segundo lugar, Deus nos exorta a não usarmos a liberdade que recebemos para voltar a pecar. Somos como pássaros libertos de uma gaiola. Recebemos o convite para permanecermos longe de arapucas. No entanto, depois de um tempo livres, acabamos voltando a uma arapuca ou gaiola, tornando-nos, novamente, escravos daquilo que, um dia, Deus nos libertou.

Paulo ainda nos dá uma dica sobre como podemos permanecer livres da sedução do pecado: "sede, antes, servos uns dos outros, pelo amor". Se agirmos assim, será quase impossível que voltemos ao pecado. Agir em favor do próximo evita que sejamos egoístas. Servir uns aos outros nos guarda de servirmos o nosso próprio coração, que, segundo a Bíblia é enganoso e desesperadamente corrupto (veja Jr 17.9).

OBRAS DA CARNE E FRUTO DO ESPÍRITO

Em outra carta, o Espírito Santo usa Paulo para mostrar quais são os resultados de uma vida em que se satisfazem os desejos da carne (do coração) e de uma vida em que se obedece à Palavra de Deus:

Digo, porém: andai no Espírito e jamais satisfareis à concupiscência da carne. Porque a carne milita contra o Espírito, e o Espírito, contra a carne, porque são opostos entre si; para que não façais o que, porventura, seja do vosso querer. Mas, se sois guiados pelo Espírito, não estais sob a lei. Ora, as obras da carne são conhecidas e são: prostituição, impureza, lascívia, idolatria, feitiçarias, inimizades, porfias, ciúmes, iras, discórdias, dissensões, facções, invejas, bebedices, glutonarias e coisas semelhantes a estas, a respeito das quais eu vos declaro, como já, outrora, vos preveni, que não herdarão o reino de Deus os que tais coisas praticam. Mas o fruto do Espírito é: amor, alegria, paz, longanimidade, benignidade, bondade, fidelidade, mansidão, domínio próprio. Contra estas coisas não há lei. E os que são de Cristo Jesus crucificaram a carne, com as suas paixões e concupiscências.
Se vivemos no Espírito, andemos também no Espírito.
(Gl 5.16-25)

Perceba que a carne tem uma influência fortíssima sobre nós. Paulo diz: "andai no Espírito". Se não andarmos no Espírito, a carne vencerá. A ordem é que jamais satisfaçamos os desejos de nossa carne, que nunca deixarão de tentar guiar nossos olhos, gostos, palavras e tudo o mais em nós. Nosso dever, uma vez libertos, é dizermos "não".

O ponto principal de Paulo é "que não herdarão o reino de Deus os que tais coisas praticam", isto é, os que praticam as obras da carne — "prostituição, impureza, lascívia, idolatria, feitiçarias, inimizades, porfias, ciúmes, iras, discórdias, dissensões, facções, invejas, bebedices, glutonarias e coisas semelhantes a estas". Por isso, todos devemos ficar atentos.

Por outro lado, há as obras do Espírito, as quais são a esperança de todo homem — "amor, alegria, paz, longanimidade, benignidade, bondade, fidelidade, mansidão, domínio próprio". Todas essas virtudes precisam ser verificadas em nós, mas só podemos tê-las se as recebermos do próprio Deus, por meio de seu Espírito, que habita em nós.

"Os que são de Cristo Jesus crucificaram a carne"! Para Deus, nossa carne já está morta. Já estamos libertos dela e de seus frutos. Basta, agora, seguirmos o conselho de viver no Espírito e andar no Espírito.

CONCLUSÃO

Na nova vida que começamos com Cristo, precisamos ter a consciência de que tudo se fez novo para nós. Hábitos e vícios antigos devem ser abandonados por completo quando nos entregamos a Cristo.

Todos nós trazemos vícios e maus hábitos de nossa antiga vida. Vícios de linguagem (fofoca, boatos, palavrões), vícios de bebida e comida (comer ou beber excessivamente), hobbies pecaminosos (deixar a família toda noite para jogar ou sair com amigos), além de outras práticas que eram comuns em nosso passado e que, hoje, sabemos que não são agradáveis ao Senhor.

A partir do momento em que nos convertemos a Cristo, tudo é novo em nossa vida. O passado continuará a nos assediar, mas temos de lutar e resistir bravamente. A consequência dessa luta é que, pouco a pouco, desenvolveremos a plenitude do fruto do Espírito Santo.

ASSIMILANDO

1. Quando nos tornamos novas criaturas?
___
___
___
___

2. Antes de sermos novas criaturas, éramos filhos de Deus?
___
___
___
___

3. O que pode acontecer conosco se retomarmos a nossa vida de pecados do passado?
___
___
___
___

PARA O PRÓXIMO ENCONTRO

1. Leia em sua Bíblia os seguintes trechos: Mateus 6.5-15 e Lucas 11.1-4.

2. O que os textos acima têm em comum?
___
___
___
___

3. Ore pelos seguintes motivos:
a) Louve a Deus pela sua nova vida em Cristo.
b) Peça a Deus que o ajude a viver andando no Espírito, em oração, lendo a Palavra, servindo com seus dons.
c) Peça a Deus que o ajude a nunca deixar os caminhos dele.

PARTE 3
✝
O PAI-NOSSO

CAPÍTULO 12
A ORAÇÃO

"... porque, pela palavra de Deus e pela oração, é santificado." (1Tm 4.5)

A oração é uma das mais belas formas de nos encontrarmos com Deus. Podemos encontrá-lo em diversos lugares e de diversas formas (na leitura da Palavra, em uma música, na natureza, por meio de um conselho de um amigo etc.). Porém, excetuada a Palavra, nada se compara à oração.

Falar com Deus e saber que somos ouvidos é maravilhoso. É deslumbrante imaginarmos que, por meio da obra de Cristo, podemos nos colocar diante do próprio Criador, aquele que planejou, desde antes da fundação do mundo, a nossa salvação, e falar de nossas particularidades, sofrimentos, alegrias, bem como expressar-lhe nosso louvor e amor.

Orar é uma experiência maravilhosa. É nossa resposta a todo o conhecimento a respeito de Deus que temos obtido em sua Palavra. É por isso que a Palavra de Deus nos exorta a orarmos sem cessar (1Ts 5.17).

PARA FALAR, PRECISAMOS OUVIR

Só falamos com Deus porque ele tomou a iniciativa de nos chamar para conversar. Foi ele deu início à conversa.

Nossas orações são uma resposta a tudo que ele nos ensinou e ao próprio convite para que nos mantivéssemos em comunhão com ele.

Para que oremos corretamente, é preciso que, primeiro, ouçamos a Deus. Não sabemos o que falar sem que o escutemos antes. Até podemos falar muitas coisas sem o ouvir primeiro, mas corremos o risco de proferir palavras desagradáveis a ele, de modo que as nossas orações não serão respondidas:

> Cobiçais e nada tendes; matais, e invejais, e nada podeis obter; viveis a lutar e a fazer guerras. Nada tendes, porque não pedis; pedis e não recebeis, porque pedis mal, para esbanjardes em vossos prazeres. Infiéis, não compreendeis que a amizade do mundo é inimiga de Deus? Aquele, pois, que quiser ser amigo do mundo constitui-se inimigo de Deus. (Tg 4.2-4)

De acordo com Tiago, é possível que alguém fale com Deus e lhe faça pedidos, mas não seja ouvido. "Pedis e não recebeis, porque pedis mal". O versículo 4 nos explica que a razão de não sermos ouvidos é a nossa frouxidão espiritual.

Contudo, essa frouxidão espiritual não seria possível se mantivéssemos uma comunhão íntima com Deus, em vez de dividirmos nosso coração entre o Senhor e os prazeres do mundo. "A amizade do mundo é inimiga de Deus". Um coração dividido nunca lhe é agradável.

Não é assim em nosso convívio social também? É possível você dizer a uma pessoa que a ama e, ao mesmo tempo, amar outra em seu coração? Não estou dizendo que não seja possível amar mais de uma pessoa. O que quero dizer é que ninguém, em sã consciência, aceitaria uma situação como essa. Qualquer pessoa que ame alguém e que ouça que também é amada espera que esse amor seja exclusivo.

Com Deus não é diferente. Daí é que vem necessidade de ouvi-lo. Afinal, sem que o ouçamos, nunca o conheceremos; e como seremos capazes de amar verdadeiramente aquele que não conhecemos? A resposta é simples: não podemos amar quem não conhecemos.

Antes de orarmos, precisamos ler a Palavra, ouvir a Palavra, cantar a Palavra, ver a Palavra. Dessa forma, poderemos orar a Palavra conforme a própria Palavra. Todos os nossos sentidos precisam, diariamente, ser tocados por Deus e sua revelação. Nossas orações devem ser uma resposta à Palavra.

FALAR COM DEUS

Orar é falar com Deus. É reconhecer quem ele é. É reconhecer nossa dependência. Sem oração, não há relacionamento. Falar com Deus não só aumenta nossa comunhão com ele, como amplia a nossa certeza de que estamos debaixo de seu cuidado.

Orar é, ao mesmo tempo, expressão de nosso amor e de nossa *koinonia* (comunhão). Como é possível que amemos sem que conheçamos e tenhamos comunhão com ele? Por isso, é necessário que nos organizemos para termos momentos de oração ao longo do dia.

Personagens bíblicos importantes reservavam momentos de oração:

> Pedro e João subiam ao templo para a oração da hora nona. (At 3.1)

> Respondeu-lhe Cornélio: Faz, hoje, quatro dias que, por volta desta hora, estava eu observando em minha casa a hora nona de oração, e eis que se apresentou diante de mim um varão de vestes resplandecentes. (At 10.30)

Essas passagens e tantas outras revelam que crentes piedosos tinham momentos de oração certos, específicos, até mesmo agendados. Seria um exagero colocarmos em nossas agendas "momentos de oração"? Particularmente, creio que não. Penso que seria saudável se todos fizessem isso.

Precisamos, então, perseverar na oração, uma vez que, humanamente, é muito fácil negligenciarmos diariamente momentos a sós com Deus. Vejamos, na Palavra, alguns casos de pessoas que tinham consciência da necessidade de perseverarem em oração.

A PERSEVERANÇA NA ORAÇÃO

No tempo em que as histórias do Novo Testamento aconteceram, os crentes facilmente podiam se distrair com seus afazeres e deixar de orar, como nós hoje. Porém, tenho a sensação de que, em nossos dias, é ainda mais fácil negligenciarmos a oração, devido a tantas opções de entretenimento que possuímos. Mesmo assim, já no tempo dos apóstolos, havia a necessidade de os cristãos perseverarem na oração — e só perseveramos naquilo que não nos é natural.

Veja o testemunho das Escrituras:

> Perseverai na oração, vigiando com ações de graças. (Cl 4.2)

A oração

> Todos estes perseveravam unânimes em oração, com as mulheres, com Maria, mãe de Jesus, e com os irmãos dele. (At 1.14)

> ... regozijai-vos na esperança, sede pacientes na tribulação, na oração, perseverantes... (Rm 12.12)

> ... com toda oração e súplica, orando em todo tempo no Espírito e para isto vigiando com toda perseverança e súplica por todos os santos... (Ef 6.18)

O testemunho das Escrituras é claro: devemos perseverar na oração. Não podemos desanimar. Não podemos abandonar esse hábito. Não podemos permitir que nossas dúvidas nos afastem da oração. Não podemos deixar que a aparente demora de uma resposta nos afaste da oração. Orar tem mais a ver com a mudança de nosso próprio coração do que com a mudança dos planos de Deus a nosso respeito.

A falta de perseverança acaba por gerar uma espécie de sono em nossas vidas, assim como foi na vida dos apóstolos:

> Levantando-se da oração, foi ter com os discípulos, e os achou dormindo de tristeza... (Lc 22.45)

Lembre-se de que Jesus deixara os discípulos orando no Getsêmani. No entanto, eles dormiram. Resultado: na hora da morte de Jesus, a grande maioria havia fugido, abandonando-o, enquanto outros o traíam ou negavam. Antes que tudo isso acontecesse, Jesus lhes recomendou que orassem, a fim de que não caíssem em tentação. Mas, em lugar de orar, dormiram.

QUEM AMA FALA

Quando estamos apaixonados por uma pessoa, nosso maior prazer é falar com ela ou a respeito dela. Não a tiramos da cabeça. Às vezes, fazemos desenhos dela. Escrevemos poesias e músicas sobre ela. Não queremos nem conseguimos deixar de pensar nela um minuto sequer.

De fato, há pessoas que, ao se converterem, têm muito prazer em falar sobre Deus para qualquer um com quem se deparem. Essa é atitude natural de quem ama, pois falar de quem amamos é sempre um prazer, nunca um fardo.

E o prazer não está apenas em falar a respeito de quem amamos, mas em falar com quem amamos. Não é assim no nosso dia a dia? Não é assim em nossos relacionamentos diários? Falar com quem amamos é sempre um prazer, jamais um fardo.

CONCLUSÃO

Precisamos sempre buscar o Senhor. Nessa busca, sempre saímos mais fortes e mais leves. Deixar sobre Deus nosso peso, fardos, dores e pecados torna a oração um bálsamo para nossa alma.

Falamos com Deus para ser transformados, para fazer pedidos, para suplicar por perdão, para elogiá-lo, louvá-lo, adorá-lo. A oração é nossa comunicação com ele. Se a única forma de ouvi-lo é por meio de sua Palavra, a única forma de sermos ouvidos por ele é através da oração.

Negligenciando a oração, negligenciamos a comunhão com Deus. Não deixe de programar momentos diários em que se colocará ao lado do Senhor em oração.

Em nossos próximos estudos, baseados na oração do Pai-Nosso, aprenderemos mais sobre o que orar.

A oração

ASSIMILANDO

1. O que é a oração?
___
___
___
___

2. Por que temos de orar?
___
___
___
___

3. Por que devemos perseverar em oração?
___
___
___
___

PARA O PRÓXIMO ENCONTRO

1. Leia novamente os seguintes trechos bíblicos: Mateus 6.5-15 e Lucas 11.1-4.

2. Como se divide a oração do Pai-Nosso? Quais pontos você consegue encontrar nessa oração?
___
___
___
___

3. Ore pelos seguintes motivos:
a) Louve a Deus por Cristo, pois, por meio dele, podemos falar com Deus.
b) Peça a Deus que o ajude a viver em constante oração, "sem cessar".
c) Peça perdão pelos momentos nos quais você negligenciou a oração em sua vida.

CAPÍTULO 13
O CONTEÚDO DA ORAÇÃO

"Perseverai na oração, vigiando com ações de graças."
(Cl 4.2)

Todo cristão sabe que deve orar. Mas orar o quê? Será que podemos aprender a orar? Sim, e a Bíblia nos apresenta muitas formas de oração. Há um livro quase que inteiramente composto por orações na Bíblia Sagrada, o livro de Salmos, que, durante milênios, foi usado como uma verdadeira escola de oração. Mas isso é matéria para um estudo posterior.

Nesta lição, usaremos como base o ensino de ninguém menos que o Senhor Jesus Cristo para aprendermos a orar. Embora seja simples e pequena, a oração do Pai-Nosso constitui um modelo perfeito do que Deus espera de nós em nossas orações.

ORIENTAÇÕES SOBRE A ORAÇÃO DO QUARTO

Lucas revela que a "oração do quarto" (Mt 6.5-8) foi uma resposta a um pedido dos discípulos:

> De uma feita, estava Jesus orando em certo lugar; quando terminou, um dos seus discípulos lhe pediu: Senhor, ensina-nos a orar como também João ensinou aos seus discípulos. (Lc 11.1)

A oração não era necessária apenas para os discípulos. Ela também fazia parte da vida de Jesus. Foi vendo o exemplo de Jesus que os discípulos lhe pediram que os ensinassem a orar. Assim, antes de lhes apresentar um modelo de oração, Jesus lhes dá as seguintes orientações:

> E, quando orardes, não sejais como os hipócritas; porque gostam de orar em pé nas sinagogas e nos cantos das praças, para serem vistos dos homens. Em verdade vos digo que eles já receberam a recompensa. Tu, porém, quando orares, entra no teu quarto e, fechada a porta, orarás a teu Pai, que está em secreto; e teu Pai, que vê em secreto, te recompensará. (Mt 6.5-6)

Jesus não condena o ato de orar em pé em si, mas o desejo de usar as orações para se gabar diante dos homens. O que ele reprova é a atitude daqueles que desejam se vangloriar publicamente, seja em pé, seja sentado, seja ajoelhado. Por isso, ele recomenda a devoção privada, o momento a sós com Deus.

Jesus ensina a importância da sinceridade. A oração não deve ser feita apenas coletivamente ou diante de outros, mas privadamente, em silêncio e segredo. O Senhor valoriza as orações feitas a portas fechadas. Há até mesmo uma promessa para as orações sinceras e secretas: "teu Pai, que vê em secreto, te recompensará".

Porém, o Senhor ainda tem outra recomendação a dar:

> E, orando, não useis de vãs repetições, como os gentios; porque presumem que pelo seu muito falar serão ouvidos.

> Não vos assemelheis, pois, a eles; porque Deus, o vosso Pai, sabe o de que tendes necessidade, antes que lho peçais. (Mt 6.7-8)

O último conselho é que não se façam repetições vazias, ao contrário das práticas dos gentios. Não sabemos a quais orações de gentios Jesus se refere, mas talvez os idólatras pagãos, em suas orações, incessantemente repetissem palavras vazias de significado.

Jesus adverte que seus discípulos deviam ser diferentes dos gentios, presumindo que o Deus verdadeiro já sabia tudo o que pediriam, antes mesmo de articularem qualquer palavra. Assim, eles não precisavam repetir palavras vazias, mas apenas dizer, com objetividade, aquilo que queriam de seu Deus.

Mais uma vez, é importante explicar que Jesus não proíbe que repitamos um pedido em uma ou mais orações. O que ele proíbe é que repitamos palavras vãs, vazias, possivelmente egoístas. Em outras passagens que tratam de oração, as Escrituras nos incentivam a buscarmos, pedirmos, batermos reiteradamente à porta (Mt 7.7-8). O errado não é repetir o pedido. O errado é repetir coisas vãs.

FALANDO COM O PAI SOBRE O PAI

No início da oração do Pai-Nosso, Jesus nos ensina a falar com o Pai sobre o Pai:

> Então, ele os ensinou: Quando orardes, dizei:
> Pai,
> santificado seja o teu nome;
> venha o teu reino... (Lc 11.2)

> Portanto, vós orareis assim:
>> Pai nosso, que estás nos céus,
>> santificado seja o teu nome;
>> venha o teu reino;
>> faça-se a tua vontade, assim na terra como no céu...
>
> (Mt 6.9-10)

Perceba que, tanto em Lucas quanto em Mateus, Jesus ensina a seus discípulos que, em suas orações, deveriam se preocupar, em primeiro lugar, com o Pai, falando sobre ele, adorando-o, pedindo coisas segundo a vontade dele. Isso não significa que não possamos falar de nós, mas apenas que nossas necessidades são uma preocupação secundária na oração. É uma questão de prioridade.

Em sua oração, Jesus abordou a santidade e a santificação do nome de Deus, o Reino de Deus e o desejo de que a vontade divina seja feita na terra e no céu. Jesus alude, assim, a profecias relacionadas à sua segunda vinda e aos novos céus e nova terra. Em outras palavras, ele ora, em primeiro lugar, segundo a "agenda" de Deus, falando da obra e dos planos de Deus.

Seguindo o exemplo do Mestre, também devemos, em nossas orações, priorizar a obra de Deus, a Palavra de Deus, os planos de Deus revelados na Bíblia.

FALANDO COM O PAI SOBRE NÓS

As nossas necessidades

Após falar do Pai para o Pai, Jesus nos ensina a falar de nós mesmos para o Pai:

O conteúdo da oração

... o pão nosso cotidiano dá-nos de dia em dia; perdoa-nos os nossos pecados, pois também nós perdoamos a todo o que nos deve; e não nos deixes cair em tentação. (Lc 11.3-4)

... o pão nosso de cada dia dá-nos hoje; e perdoa-nos as nossas dívidas, assim como nós temos perdoado aos nossos devedores; e não nos deixes cair em tentação; mas livra-nos do mal..." (Mt 6.11-13a)

O "pão nosso" não significa apenas o pão, mas todas as necessidades básicas da vida, as quais podem ser resumidas em comida, moradia, trabalho, família e saúde. Porém, o que não pode ser incluso nessa categoria são pedidos por uma Ferrari, uma casa de 300 m² no bairro mais chique da cidade, ser patrão em seu próprio negócio, comer em restaurantes caros toda segunda-feira, joias, sapatos etc. (complete a lista).

A confissão de pecados

Logo após nos ensinar a fazer os nossos próprios pedidos (que devem incluir, evidentemente, a intercessão por outras pessoas), Jesus nos instrui a confessarmos nossos pecados. É agradável a Deus que confessemos nossos pecados quando oramos e que, enquanto lhe pedimos perdão, nos lembremos de pessoas que precisamos perdoar também. Mais à frente, Jesus ensinará que o perdão de Deus a nós está, de certo modo, atrelado ao perdão que oferecemos ao próximo.

A batalha espiritual

Por fim, Jesus nos ensina a clamar por proteção nas batalhas espirituais do dia a dia, das quais nunca devemos nos esquecer. Existe um "mal" (ou "maligno") na terra. Jesus o chama de "príncipe deste mundo" (Jo 16.11); Paulo, de "deus deste século" (2Co 4.4); em Apocalipse, ele aparece como a "antiga serpente" (Ap 12.9). Trata-se de Satanás.

Jesus nos ensina a pedir por livramento em meio às tentações. Note que não é errado passar por tentação, mas cair em tentação. Somos tentados o tempo todo, mas caímos em tentação quando cedemos aos desejos tentadores.

ADORAÇÃO

Até agora, Jesus nos ensinou a falarmos do Pai e suplicarmos por nós mesmos, o que inclui as nossas necessidades, a confissão de pecados, as nossas lutas espirituais e a nossa batalha com as tentações. Por fim, em Mateus, o Senhor nos ensinar a finalizar a oração com adoração:

> ... pois teu é o reino, o poder e a glória para sempre. Amém! (Mt 6.13b)

A adoração deve estar em nossas orações. Adoração não é apenas cantar, mas sim reconhecer os atributos de Deus. Adorar é elogiá-lo, reconhecer a beleza de sua santidade, confessar a glória de seus atributos e mencioná-los com gratidão e louvor. Jesus, de um modo bastante sucinto, reconhece que de Deus é "o reino, o poder e a glória". Podemos fazer isso de um modo bem mais abrangente, mencionando outros atributos de Deus, como sua bondade, sua misericórdia, seu poder etc.

Nunca deixe de incluir em suas orações a adoração. Tenha sempre em mente as palavras de Jesus à mulher samaritana:

> Mas vem a hora e já chegou, em que os verdadeiros adoradores adorarão o Pai em espírito e em verdade; porque são estes que o Pai procura para seus adoradores. Deus é espírito; e importa que os seus adoradores o adorem em espírito e em verdade. (Jo 4.23-24)

Veja que Jesus diz que "são estes que *o Pai procura para seus adoradores*". De alguma forma, o Pai procura por adoradores. Então, enquanto orar, seja um adorador.

ÚLTIMA RECOMENDAÇÃO

Após ensinar a oração do Pai-Nosso, Jesus encerra com uma recomendação importantíssima:

> Porque, se perdoardes aos homens as suas ofensas, também vosso Pai celeste vos perdoará; se, porém, não perdoardes aos homens [as suas ofensas], tampouco vosso Pai vos perdoará as vossas ofensas. (Mt 6.14-15)

Note que nossas orações estão, de alguma forma, atreladas ao perdão que oferecemos às pessoas que nos magoaram. Independentemente da ofensa que recebemos, o que Deus espera de nós é que perdoemos (veja Mt 18.21-22), pois o nosso próprio perdão depende do perdão que oferecemos.

De modo bastante simples, é como se Jesus dissesse que Deus só nos perdoa se também perdoarmos os que nos ofendem. Lembre-se disto:

a. Deus espera que oremos
      b. Deus é santo.
         c. Para orarmos, precisamos ser perdoados.
         c'. Para sermos perdoados, precisamos também perdoar.
      b'. Quando perdoamos o próximo e somos perdoados por Deus, somos santificados.
   a'. Quando somos santificados, oramos segundo a vontade de Deus.

CONCLUSÃO

Não se esqueça: Deus espera que todos nós falemos com ele. Apesar de ele já saber de tudo, ter controle sobre tudo e ter um plano eterno para tudo, isso não nos tira a responsabilidade de orar. Oramos porque Jesus nos deu o exemplo. Oramos porque Jesus nos disse que devíamos orar. Oramos para sermos transformados e perdoados por Deus. Oramos porque queremos estar perto de Deus. E oramos, acima de tudo, porque amamos a Deus, de modo que é um prazer falar com ele.

ASSIMILANDO

1. Como se divide a oração do Pai-Nosso?
_____
_____
_____

2. Do que devemos nos lembrar quando falamos com Deus sobre Deus?
_____

O conteúdo da oração

___

3. Do que devemos nos lembrar quando falamos com Deus sobre nós mesmos?

___

PARA O PRÓXIMO ENCONTRO

1. Para o próximo estudo, leia em sua Bíblia os seguintes trechos: Marcos 1.4, 9; 16.15-16; Lucas 3.3; Atos 2.38; 8.13; 8.36; 9.18; 16.33; Colossenses 2.12.

2. Qual é a ordenança de Jesus para os seus discípulos logo após se arrependerem de seus pecados?

___

3. Ore pelos seguintes motivos:
a) Louve a Deus por conhecê-lo e poder falar com ele.
b) Ore pela segunda vinda de Jesus e pela obra de Deus na terra.
c) Ore pelas suas lutas, confesse seus pecados e clame por libertação espiritual.

PARTE 4
AS ORDENANÇAS

CAPÍTULO 14
O BATISMO

"Respondeu-lhes Pedro: Arrependei-vos, e cada um de vós seja batizado em nome de Jesus Cristo para remissão dos vossos pecados, e recebereis o dom do Espírito Santo." (At 2.38)

Creio que o Batismo deve ser realizado somente após a profissão de fé de um convertido (credobatismo). No entanto, reconheço diante de Deus que meus irmãos que batizam seus filhos recém-nascidos (pedobatismo) creem que o que fazem é da vontade de Deus. Por essa razão, antes de expor aquilo em que creio, acompanhe-me numa tentativa honesta e respeitosa de compreender tanto o credobatismo quanto o pedobatismo.

O Batismo é uma ordenança central para a vida cristã e tem sido um símbolo poderoso do relacionamento do crente com Deus. Ele representa tanto a entrada na nova vida em Cristo quanto a inclusão na família da fé. Contudo, ao longo dos séculos, duas interpretações distintas surgiram sobre como e quando o Batismo deve ser administrado: o credobatismo e o pedobatismo. A seguir, buscarei explorar os fundamentos de ambas as perspectivas, buscando destacar os princípios fundamentais e bíblicos que embasam cada posição.

Antes de discutir as diferenças entre credobatistas e pedobatistas, é essencial lembrar o que o Batismo representa. Ele é mais do que um rito religioso; é um símbolo visível de uma realidade espiritual invisível. Nas Escrituras, o Batismo é frequentemente associado a temas de purificação, renascimento e entrada na comunidade do povo de Deus. Assim, quer seja realizado em um adulto que confesse ter fé em Cristo, quer em uma criança nascida em um lar cristão, o Batismo é um ato de graça e obediência que aponta para a obra redentora de Cristo.

O apóstolo Paulo em Romanos 6.3-4 escreve:

> Ou vocês não sabem que todos nós, que fomos batizados em Cristo Jesus, fomos batizados em sua morte? Portanto, fomos sepultados com ele na morte por meio do Batismo, a fim de que, assim como Cristo foi ressuscitado dos mortos mediante a glória do Pai, também nós vivamos uma nova vida.

Esse texto deixa claro que o Batismo é uma identificação com Cristo em sua morte e ressurreição, e tanto credobatistas quanto pedobatistas concordam que é isso que ele significa.

O CREDOBATISMO

Princípios fundamentais

1. Ênfase na confissão de fé pessoal: para credobatistas, o Batismo é um ato consciente de uma pessoa que já professou fé em Cristo. Esse entendimento é baseado na prática dos primeiros cristãos, que batizavam aqueles que confessavam Jesus como Senhor e Salvador.

2. Exemplos bíblicos: credobatistas frequentemente apontam para o Batismo de adultos no Novo Testamento como um modelo. Por exemplo, em Atos 2.41, após Pedro pregar no dia de Pentecostes, "os que aceitaram a sua mensagem foram batizados". Da mesma forma, o eunuco etíope (At 8.36-38) e o carcereiro filipense (Atos 16.31-34) foram batizados após professarem sua fé.

3. Batismo como testemunho público: o Batismo é, segundo credobatistas, um testemunho público da fé individual, de forma que deve ser praticado após a confissão. Ele representa o compromisso da pessoa com Cristo e com a igreja, sendo um símbolo de arrependimento e nova vida.

Fundamentos teológicos

Para o credobatista, o Batismo é uma resposta à fé. Ele marca um ponto de compromisso consciente de uma nova vida em Cristo. Em outras palavras, para que alguém seja batizado, a fé já deve estar presente. O Batismo, portanto, é uma expressão dessa fé.

O PEDOBATISMO

Princípios fundamentais

1. A aliança de Deus e seus sinais: os pedobatistas interpretam o Batismo como um sinal de aliança. Assim como a circuncisão era um sinal da aliança de Deus com o povo de Israel (Gn 17.10-14), o Batismo é visto como o sinal da Nova Aliança em Cristo. A igreja, como o novo povo de Deus, utiliza esse sinal. Mesmo as crianças nascidas em lares cristãos participam da aliança e recebem o Batismo.

2. Continuidade entre o Antigo e o Novo Testamento: os pedobatistas veem uma continuidade entre a circuncisão no Antigo Testamento e o Batismo no Novo. Paulo escreve em Colossenses 2.11-12:

> Nele [em Cristo], também fostes circuncidados, não por intermédio de mãos, mas no despojamento do corpo da carne, que é a circuncisão de Cristo, tendo sido sepultados, juntamente com ele, no Batismo.

Nessa perspectiva, assim como a circuncisão incluía os filhos dos fiéis no Antigo Testamento, o Batismo, no Novo Testamento, inclui as crianças no novo povo de Deus.

3. Instruções para criar filhos na fé: os pedobatistas creem que o Batismo infantil reforça o compromisso dos pais de criar seus filhos na fé cristã, ajudando-os a crescer em comunhão com Cristo. A instrução e a educação cristã são vistas como uma continuação da aliança feita no Batismo.

Fundamentos teológicos

Para os pedobatistas, o Batismo infantil não é garantia de salvação, mas sim um sinal de pertença ao povo de Deus. A criança é batizada não com base em sua fé, mas na fé da comunidade e dos pais. Assim, o Batismo infantil é um ato de graça que aponta para a futura caminhada de fé.

PONTOS DE CONVERGÊNCIA ENTRE CREDOBATISTAS E PEDOBATISTAS

Apesar das diferenças, credobatistas e pedobatistas compartilham pontos essenciais sobre o Batismo:

1. Reconhecimento do Batismo como sinal de graça: ambas as tradições veem o Batismo como um sinal da graça de Deus, e não como um meio de salvação. Para credobatistas, é a graça de Deus que leva o adulto à fé e ao Batismo. Para pedobatistas, é a graça de Deus que inclui a criança na comunidade da fé e a convoca para uma vida de compromisso com Cristo.

2. Relação com a igreja: o Batismo, em ambas as visões, é uma forma de acolhimento na comunidade de fé. Ele indica que a pessoa batizada — criança ou adulto — é parte da igreja e está sob o cuidado pastoral e espiritual da comunidade.

3. Identificação com a morte e ressurreição de Cristo: em ambas as práticas, o Batismo simboliza a união com Cristo em sua morte e ressurreição. Essa é uma verdade central, unindo credobatistas e pedobatistas na convicção de que, através do Batismo, o cristão é chamado a viver uma nova vida.

CONSIDERAÇÕES GERAIS

O Batismo é, para credobatistas e pedobatistas, um ato sagrado que nos lembra do chamado de Deus, de nossa nova identidade em Cristo e da graça que ele oferece a todos que fazem parte de seu povo. Embora as práticas possam variar, o Batismo permanece um ponto de unidade na fé cristã, apontando sempre para Jesus e para a nova vida que temos nele.

Seja praticado após uma confissão de fé, seja realizado como um sinal de aliança para os filhos dos crentes, o Batismo nos lembra de que pertencemos a Deus e de que nossa vida deve ser vivida para sua glória. Que cada cristão, ao contemplar o Batismo, seja encorajado a viver essa nova vida em fidelidade, amor e compromisso com o Senhor.

Espero que, ao apresentar ambos os pontos de vista de maneira informativa e respeitosa, eu tenha lançado luz sobre as bases bíblicas e teológicas de cada uma das duas tradições.

UMA DISCORDÂNCIA ENTRE IRMÃOS

A purificação do cristão — indicada no Batismo quando o novo convertido dá testemunho de sua morte para o pecado e sua ressurreição para uma nova vida com Cristo — é um dos símbolos mais antigos e lindos do cristianismo. Mais do que uma opção, uma festa ou uma obrigatoriedade para todos (adultos e crianças), o Batismo é uma cerimônia muito séria, a qual deve ser tratada com profundo cuidado pelo povo de Deus. Trata-se de um ato sacro, que não deve ser alterado, modificado ou flexibilizado pelos cristãos. Embora a forma como ele se realiza difira em diferentes tradições, nenhum cristão nega que o Batismo deva ser realizado com a presença de água e a invocação da Santíssima Trindade, como ensinado por Jesus.

É importante que nos lembremos de que o Batismo não salva nem consiste em uma das doutrinas essenciais do cristianismo (1Co 1.14-17). Contudo, não deve ser negligenciado ou esquecido pelos novos convertidos.

Entendo que existem várias compreensões e interpretações sobre o Batismo, as quais são sustentadas por irmãos sérios e bem-intencionados, os quais amo e respeito. Porém, a seguir, exporei aquilo que, em paz com minha consciência, compreendo ser a visão bíblica acerca do assunto.

O QUE É O BATISMO?

O Batismo é um símbolo visível da obra salvadora de Deus, que ocorreu de modo invisível, dentro de nós. É um sinal externo de uma obra interna do Espírito Santo em nossa vida, indicando que pertencemos ao povo de Deus. Deve ser batizado apenas aquele que se arrependeu de seus pecados e creu somente em Jesus Cristo para a sua salvação. Veja dois textos bíblicos que mostram a necessidade do arrependimento e da fé antes do Batismo:

> Respondeu-lhes Pedro: Arrependei-vos, e cada um de vós seja batizado em nome de Jesus Cristo para remissão dos vossos pecados, e recebereis o dom do Espírito Santo. (At 2.38)

> E disse-lhes: Ide por todo o mundo e pregai o evangelho a toda criatura. Quem crer e for batizado será salvo; quem, porém, não crer será condenado. (Mc 16.15-16)

O Batismo é destinado à pessoa que recebeu os benefícios da obra expiatória de Cristo e tornou-se seu discípulo. O discípulo, em obediência à ordem de seu Senhor, deve ser batizado em nome do Pai, do Filho e do Espírito Santo. A água do Batismo é uma demonstração simbólica e visual da união do crente com Cristo em sua morte e ressurreição. Isso significa que a antiga forma de viver foi morta, de maneira que aquele que crê em Jesus foi liberto do domínio do pecado.

O credobatismo é o Batismo de regenerados, dos que creram em Cristo, arrependidos de seus pecados — aqueles que, por uma ação graciosa de Deus, são capazes de tomar suas próprias decisões, de se entregar a Cristo, de se arrepender de seus pecados e de seguir a Cristo, mesmo que se sintam tentados pelo mundo, pela carne e pelo diabo.

Antes do Batismo, cremos que todo cristão deve ser ensinado sobre o significado do Evangelho em uma classe especial. Nessa classe, além de compreender o que é o Evangelho e como aplicá-lo às várias áreas da vida, todo novo cristão deve ser preparado para responder a questões relacionadas à sua fé, bem como acerca do Batismo em si.

É nossa convicção que a entrada na igreja acontece por meio da profissão de fé seguida de Batismo. Em rigor, a entrada se dá pelo novo nascimento; o Batismo é apenas o símbolo dessa realidade espiritual, isto é, da admissão do crente na igreja.

Reconhecemos que a forma usual e mais antiga de Batismo é a imersão, por meio da qual o indivíduo entra por completo na água. A aspersão, que carece de evidência bíblica, foi usada historicamente em situações de exceção e deve sempre ser encarada como tal.

> Naqueles dias veio Jesus de Nazaré da Galileia e por João foi batizado no rio Jordão. *Logo ao sair da água*, viu os céus rasgarem-se e o Espírito descendo como pomba sobre ele. Então, foi ouvida uma voz dos céus: Tu és o meu Filho amado, em ti me comprazo. (Mc 1.9-11, destaque nosso)

> Ora, João estava também batizando em Enom, perto de Salim, *porque havia ali muitas águas*, e para lá concorria o povo e era batizado. (Jo 3.23, destaque nosso)

> Seguindo eles caminho fora, chegando a certo lugar onde havia água, disse o eunuco: Eis aqui água; que impede que seja eu batizado? [Filipe respondeu: É lícito, se crês de todo o coração. E, respondendo ele, disse: Creio que Jesus Cristo é o Filho de Deus.] Então, mandou parar o carro,

ambos *desceram à água*, e Filipe batizou o eunuco. *Quando saíram da água*, o Espírito do Senhor arrebatou a Filipe, não o vendo mais o eunuco; e este foi seguindo o seu caminho, cheio de júbilo. (At 8.36-39, destaque nosso)

CONCLUSÃO

O Batismo não é uma opção a ser considerada, mas uma ordem a ser obedecida. Ainda que o crente queira esperar um breve tempo para ser batizado, não deve aguardar muito. Foi o próprio Senhor Jesus quem disse:

> Ide, portanto, fazei discípulos de todas as nações, batizando-os em nome do Pai, e do Filho, e do Espírito Santo; ensinando-os a guardar todas as coisas que vos tenho ordenado. E eis que estou convosco todos os dias até à consumação do século. (Mt 28.19-20)

O Batismo é, portanto, indispensável para todas as pessoas que tiveram um encontro pessoal com o Senhor Jesus Cristo, como Paulo no caminho de Damasco. Todos os novos convertidos devem ser submetidos a essa cerimônia, pois é ordem do Senhor que, por meio dela, testemunhemos de nossa morte para o pecado e de nossa ressurreição para a nova vida com Jesus. Todos que negaram a si mesmos e tomaram sobre si sua cruz se tornaram discípulos de Jesus.

> Ou, porventura, ignorais que todos nós que fomos batizados em Cristo Jesus fomos batizados na sua morte? Fomos, pois, sepultados com ele na morte pelo Batismo; para que, como Cristo foi ressuscitado dentre os mortos

pela glória do Pai, assim também andemos nós em novidade de vida. Porque, se fomos unidos com ele na semelhança da sua morte, certamente, o seremos também na semelhança da sua ressurreição, sabendo isto: que foi crucificado com ele o nosso velho homem, para que o corpo do pecado seja destruído, e não sirvamos o pecado como escravos; porquanto quem morreu está justificado do pecado. Ora, se já morremos com Cristo, cremos que também com ele viveremos, sabedores de que, havendo Cristo ressuscitado dentre os mortos, já não morre; a morte já não tem domínio sobre ele. Pois, quanto a ter morrido, de uma vez para sempre morreu para o pecado; mas, quanto a viver, vive para Deus. Assim também vós considerai-vos mortos para o pecado, mas vivos para Deus, em Cristo Jesus. (Rm 6.3-11)

ASSIMILANDO

1. O que se espera de quem será batizado?
_____
_____
_____
_____

2. O que o Batismo simboliza?
_____
_____
_____
_____

3. Por que uma pessoa deve ser batizada?
_____
_____
_____
_____

PARA O PRÓXIMO ENCONTRO

1. Para o próximo estudo, leia em sua Bíblia os seguintes trechos bíblicos: 1Coríntios 11.23-34 e Mateus 26.14-75.

2. O que Jesus ensinou sobre o pão e o vinho em sua última ceia com os discípulos?
_____
_____
_____
_____

3. Ore pelos seguintes motivos:
a) Adore a Deus por sua preciosa graça, que conduziu você a Cristo.
b) Agradeça ao Senhor por seu Batismo (já realizado ou prestes a realizar-se), pois, por meio dele, você pode testemunhar da morte e ressurreição de nosso Senhor Jesus Cristo.
c) Peça a Deus que o ajude a viver de um modo santo, mortificando pecados, apontando o caminho de salvação para seus familiares e amigos.

CAPÍTULO 15
A CEIA DO SENHOR

"Enquanto comiam, tomou Jesus um pão, e, abençoando-o, o partiu, e o deu aos discípulos, dizendo: Tomai, comei; isto é o meu corpo. A seguir, tomou um cálice e, tendo dado graças, o deu aos discípulos, dizendo: Bebei dele todos; porque isto é o meu sangue, o sangue da [nova] aliança, derramado em favor de muitos, para remissão de pecados." (Mt 26.26-28)

A Ceia do Senhor é a celebração periódica que o povo de Deus realiza em memória do corpo e do sangue de Cristo, entregues em nosso lugar. Embora as mais diferentes tradições cristãs pratiquem a Ceia de variadas formas, todos concordam que o pão e o vinho (isto é, o fruto da videira) servem como, dentre outras coisas, uma rememoração do sacrifício que Cristo realizou em nosso lugar.

O pão aponta para o corpo de Cristo. O fruto da videira, para o sangue do Cordeiro de Deus. Corpo sacrificado e sangue derramado. Pecado e condenação expiados pela obra de Cristo no Calvário. A condenação que pesava sobre nós já não existe mais; ela foi lançada sobre Cristo, o qual sofreu na cruz em nosso lugar. Nós, que antes estávamos quebrados, mortos e separados de Deus, agora estamos restaurados, vivos e unidos a Deus por meio do sangue e do sacrifício de Jesus (sangue e corpo — vinho e pão).

Trata-se de uma das duas ordenanças deixadas por Jesus Cristo. Diferente da primeira, o Batismo, executado uma única vez na vida do crente, a segunda ordenança deve ser realizada repetidamente, até a segunda vinda de Jesus.

Algumas igrejas optam pela realização mensal dessa celebração. Outras a realizam semanalmente. Há ainda algumas que a realizam a cada três ou seis meses. Não há nada na Bíblia a respeito da periodicidade da realização da Ceia. Apenas nos é dito que ela deve ser realizada pelo povo de Deus até que Cristo volte.

PASSADO, PRESENTE E FUTURO

A Ceia do Senhor traz elementos que apontam para o passado, para o presente e para o futuro.

Em primeiro lugar, na Ceia do Senhor, o cristão deve olhar para o *passado*, a fim de vislumbrar Jesus sendo sacrificado em uma cruz pelo seu povo. Jesus é a razão pela qual comemos do pão e bebemos do cálice. É graças ao seu corpo e seu sangue que, hoje, podemos adorar ao Pai.

Em segundo lugar, sempre que o cristão participa da Ceia, deve fazer um autoexame de sua vida *presente* (embora essa deva ser uma prática diária, em vez de ocorrer apenas nos dias de Ceia), confessando seus pecados, recordando-se do lugar de onde o Senhor o tirou, adorando-o, agradecendo-lhe pela salvação e proclamando a morte dele.

Em terceiro lugar, a Ceia do Senhor aponta para o *futuro*, isto é, para a segunda vinda de Cristo, na medida em que nós a celebramos "até que ele venha" (1Co 11.26). Ao participarmos dessa ordenança, nutrimos a esperança pela última Ceia, a qual tomaremos na presença do próprio Cristo (Mt 26.29;

Ap 19.7-9). Enquanto esse dia maravilhoso não chega, esperamos por ele com fé e amor.

A CEIA DO SENHOR COMO UMA COMEMORAÇÃO

A Ceia do Senhor tem o propósito de ser uma comemoração. Por isso, é um momento de alegria para o cristão, embora esteja ligada a algo triste para o Senhor. No entanto, aquilo que lhe trouxe morte nos trouxe vida; aquilo que lhe trouxe condenação nos trouxe liberdade; aquilo que lhe trouxe maldição nos trouxe bênção. Esse é um dos mistérios maravilhosos da cruz, pela qual, segundo o Senhor, devemos ser sempre gratos. Veja o que disse Paulo aos coríntios:

> Porque eu recebi do Senhor o que também vos entreguei: que o Senhor Jesus, na noite em que foi traído, tomou o pão; e, tendo dado graças, o partiu e disse: Isto é o meu corpo, que é dado por vós; fazei isto em memória de mim. Por semelhante modo, depois de haver ceado, tomou também o cálice, dizendo: Este cálice é a nova aliança no meu sangue; fazei isto, todas as vezes que o beberdes, em memória de mim. (1Co 11.23-25)

A Ceia não é um memorial pós-velório, mas uma celebração da vitória alcançada no passado. O que Cristo obteve na cruz também é a nossa vitória sobre o inferno e a condenação que pairava sobre nós. Na cruz, com a morte do Senhor, todos vencemos. Ele foi sacrificado como "o Cordeiro de Deus, que tira o pecado do mundo" (Jo 1.29).

Com sua morte, Jesus criou a possibilidade de termos um espaço santo neste mundo, onde quer que estejamos. Graças a ele, podemos entrar na presença de Deus. Esse espaço santo é ele mesmo, Jesus. Se estivermos em Cristo, estamos no lugar mais santo, habilitados a falar com Deus (Jo 3.18; Rm 6.5, 8.1; Cl 2.14; 1Co 15.55-57; Hb 10.19-20).

A CEIA DO SENHOR COMO UMA COMUNHÃO

Além de ser uma festa antes impossível (e indesejável), a Ceia, agora, é também um momento de comunhão. Lembramo-nos de que não somos mais seres soltos neste mundo, mas unidos em um só corpo pelo sangue e sacrifício de Jesus Cristo. Tal como os grãos e farinha se unem para formar um só pão, no qual, agora, os elementos não se distinguem mais, assim somos um só corpo em Cristo, mesmo que tenhamos vindo dos mais diferentes contextos.

Paulo escreveu:

> Porventura, o cálice da bênção que abençoamos não é a comunhão do sangue de Cristo? O pão que partimos não é a comunhão do corpo de Cristo? Porque nós, embora muitos, somos unicamente um pão, um só corpo; porque todos participamos do único pão. (1Co 10.16.17)

O fato de termos participado de um único pão vivo que desceu do céu torna-nos participantes dele. Somos um só pão, um só corpo. Essa comunhão não é apenas de uns para com outros, mas de cada um com o próprio Senhor Jesus Cristo, responsável por nossa redenção.

A CEIA DO SENHOR COMO UMA COMUNICAÇÃO

Na Ceia, comunicamos algo sobre Cristo. Comunicamos que ele virá em breve, que ele morreu e ressuscitou, que ele morreu pelos nossos pecados, que entregamos nossas vidas a ele, que agora fazemos parte do corpo dele, junto com uma grande multidão, que também morreu para este mundo e se converteu a ele. Veja mais um pouco das palavras de Paulo:

> Porque, todas as vezes que comerdes este pão e beberdes o cálice, anunciais a morte do Senhor, até que ele venha.
> (1Co 11.26)

Portanto, o anúncio também está ligado à Ceia. E esse anúncio não é apenas para os que estão ainda perdidos, mas para todos nós, a fim de que não nos esqueçamos do lugar de onde fomos tirados, de quem nos resgatou e do preço que ele pagou.

CONCLUSÃO

Todo cristão deve participar da Ceia do Senhor. Você deve fazer tudo que estiver ao seu alcance para nunca faltar a uma celebração da Ceia. Contudo, para que melhor participe dela, não faça seu autoexame apenas quando lhe for exigido, minutos antes de tomar os elementos. Examine a si mesmo todos os dias. Faça do arrependimento e confissão de pecado um estilo de vida. Não permita que pecados permaneçam inconfessos em seu coração.

Faça sempre da Ceia um momento de memória, adoração, celebração, confissão, gratidão e alegria. Nunca deixe de participar da Ceia, a menos que mantenha pecados não confessados em seu coração, dos quais ainda não se arrependeu. A ordem de Cristo é que todos se arrependam e comam do pão e bebam do cálice. Isso revela a vontade de Deus de que todos os homens se salvem.

Como, infelizmente, isso não acontecerá, aproveite cada Ceia do Senhor para louvar a Deus por você fazer parte do corpo vivo de Cristo sobre a Terra, a igreja. Louve a Deus pela viva esperança que há em seu coração, visto que não há mais nenhuma condenação que pese sobre você. Louve a Deus!

ASSIMILANDO

1. O que é a Ceia do Senhor?
___
___
___
___

2. Com qual periodicidade deve ser celebrada?
___
___
___
___

3. O que é necessário para que alguém participe da Ceia?
___
___
___
___

A Ceia do Senhor

PARA O PRÓXIMO ENCONTRO

1. Para o próximo estudo, leia em sua Bíblia os seguintes trechos: Romanos 1.7; 15.6; 1Coríntios 1.3; 8.6; 15.24; Gálatas 1.4; Efésios 1.17; 4.6; Filipenses 4.20; 1Pedro 1.3; 2João 3.

2. O que esses versículos revelam sobre Deus?
_____
_____
_____
_____

3. Ore pelos seguintes motivos:
a) Adore ao Senhor pela morte de Cristo em seu lugar.
b) Agradeça ao Senhor por você fazer parte do corpo de Cristo.
c) Peça a Deus pela pureza em sua vida.

PARTE 5

✚

O CREDO DOS APÓSTOLOS

CAPÍTULO 16
O PAI

"Senhor, tu tens sido o nosso refúgio, de geração em geração.
Antes que os montes nascessem e se formassem a terra e
o mundo,
de eternidade a eternidade, tu és Deus." (Sl 90.1-2)

O Credo dos Apóstolos, documento escrito no início da história do cristianismo, não foi escrito pelos próprios apóstolos de Cristo, apesar de seu nome. Na verdade, não sabemos quem o escreveu — se uma pessoa ou uma comunidade. Ele tem esse nome pelo fato de seu conteúdo ser influenciado pelo chamado "fundamento dos apóstolos" (Ef 2.20). As informações contidas no Credo dos Apóstolos se erguem sobre esse alicerce apostólico.

O texto completo do Credo diz:

> Creio em Deus, o Pai Todo-Poderoso, Criador do céu e
> da terra.
>
> E em Jesus Cristo, seu único Filho, nosso Senhor,
> que foi concebido pelo poder do Espírito Santo, nasceu
> da Virgem Maria,
> padeceu sob Pôncio Pilatos, foi crucificado, morto e
> sepultado;

desceu à mansão dos mortos; ressuscitou ao terceiro dia;

subiu aos céus; está sentado à direita de Deus Pai todo-poderoso,

donde há de vir a julgar os vivos e os mortos.

Creio no Espírito Santo,

a santa Igreja católica, a comunhão dos santos,

a remissão dos pecados,

a ressurreição da carne,

a vida eterna.

Amém.[9]

No presente capítulo, analisaremos a primeira cláusula: "Creio em Deus, o Pai Todo-Poderoso, Criador do céu e da terra".

POR QUE DEUS CRIOU O HOMEM?

Deus nos criou para que nos relacionássemos com ele. Deus é pessoal e, ao mesmo tempo, infinito. Deus é trino e, de forma impressionante, nos criou à sua imagem, como seres que podem se relacionar com ele.

Deus, no início, criou todas as coisas pela sua palavra, absolutamente do nada. Deus não se valeu de um recurso já disposto na "natureza". Ele criou a natureza e criou todas as coisas sem se valer de alguma matéria pré-existente (Gn 1). Criadas por um Deus bom, todas as coisas, visíveis e invisíveis, eram originalmente boas.

---

9 Esta versão do Credo dos Apóstolos foi tirada do excelente livro de Franklin Ferreira, *O Credo dos Apóstolos: As Doutrinas Centrais da Fé Cristã*, Série Triológica, vol. 1 (São José dos Campos: Editora Fiel, 2024), p. 23-24.

Porém, diferentemente da maneira como criou as demais coisas, Deus não fez o homem "do nada", mas se valeu de um recurso já existente: o barro. Quanto à mulher, ele a fez a partir de uma parte da carne do homem (Gn 2.7, 21-22). Deus criou os seres humanos como superiores a todo o resto da criação, encarregando-os de comandá-la (Gn 1.28).

A CRIAÇÃO É BOA

As expressões "e viu Deus que era bom" (Gn 1.10, 12, 18, 21, 25) e "e eis que era muito bom" (Gn 1.31) revelam um propósito estético de Deus na criação. Ele não criou tudo de qualquer jeito. Houve planejamento e intenção. Deus quis fazer tudo com beleza.

A palavra hebraica traduzida como "bom" é o termo *tov* (טוֹב), que pode ser traduzida como "prazeroso", "agradável", "belo", "bom".

Não é difícil perceber quão aprazível é a criação. Ao desfrutarmos dela, somos muito abençoados com o prazer que ela é capaz de nos oferecer. Ela nos deslumbra, emocionando-nos com sua beleza estontante — lindas flores, belos cantos de pássaros, a ordem das estrelas, o prazer dos alimentos.

Cremos em um Deus onipotente, criador de tudo o que há.

DEUS NO CENTRO DE TUDO

Tudo revela esse Deus criador, como o Salmo 19 belamente expõe:

> Os céus proclamam a glória de Deus,
> e o firmamento anuncia as obras das suas mãos.
> Um dia discursa a outro dia,

> e uma noite revela conhecimento a outra noite.
> Não há linguagem, nem há palavras,
> e deles não se ouve nenhum som;
> no entanto, por toda a terra se faz ouvir a sua voz,
> e as suas palavras, até aos confins do mundo. (Sl 19.1-4)

A criação, de alguma maneira, fala algo sobre o Criador, colocando-o no centro de todas as coisas. Tudo o que ele fez, de alguma forma, revela algo a respeito dele, de sua sabedoria, sua grandeza, sua glória etc. (Rm 1.20).

Além da natureza, temos a revelação especial de Deus na Bíblia, a qual coloca Deus no centro de tudo, mostrando seu propósito redentor (Jó 19.25; Sl 19.14), seu caráter amoroso (1Jo 4.8, 16), sua paciência incomparável (2Pe 3.9).

ÚLTIMA RECOMENDAÇÃO

Olhando para o Deus Pai, criador dos céus e da terra, devemos descansar nossos corações diariamente nele. É diária nossa necessidade de derramarmo-nos aos seus pés e de bebermos e comermos dele, a fim de que desfrutemos da satisfação e prazer que só nele podemos encontrar.

Nossa espiritualidade deve estar baseada em dois pilares: contemplação da natureza/criação e meditação nas Sagradas Escrituras, a revelação de Deus aos homens. Com isso, quero dizer que não devemos deixar de adorar ao Criador em nenhum momento de nossas vidas. Seja na observação de uma flor, seja em um momento de leitura diária da Bíblia, nosso coração deve sempre se lembrar de que estamos diante do Criador dos céus e da terra, o qual é também o nosso Criador, Salvador e Sustentador.

CONCLUSÃO

Todos devemos tomar cuidado para não supormos que a mera religiosidade significa espiritualidade. O fato de estarmos ligados a uma igreja ou de cultuarmos periodicamente a Deus não faz de nós, necessariamente, pessoas que tenham intimidade com ele. Precisamos ter o cuidado de não confundirmos práticas semanais de religiosidade com a comunhão e a intimidade esperadas por Deus de cada um de nós.

Ao olharmos diariamente para o Criador dos céus e da terra, veremos que não há motivos para agirmos ou vivermos com arrogância, visto que, quando ele nos criou, fez a todos iguais. Não há, aos olhos de Deus, ser humano melhor ou pior. Mesmo aqueles que são salvos não são melhores do que os que ainda estão perdidos. Todos são essencialmente iguais. Olhando para o Criador, devemos sempre nos recordar da humildade que se espera de todos nós.

Ele é nosso Criador; nós, suas criaturas. Vivamos para a glória dele, pois nisso está nossa plena alegria.

ASSIMILANDO

1. Por que o Credo dos Apóstolos tem esse nome?

_____
_____
_____

2. De que maneira a criação fala sobre o Criador?

_____
_____
_____

3. O que a vida diária aos pés do Criador gera em nós?
_____
_____
_____
_____

PARA O PRÓXIMO ENCONTRO

1. Para o próximo estudo, leia em sua Bíblia os seguintes trechos: Mateus 4.3, 6; 8.29; 14.33; 26.63; 27.43; 27.54; Marcos 1.1.

2. Qual é o termo que encontramos repetidamente em todos os versículos acima?
_____
_____
_____
_____

3. Ore pelos seguintes motivos:
a) Louve a Deus por seu poder criador.
b) Agradeça a Deus por criar um novo coração em você.
c) Ore pela salvação de seus parentes mais próximos que estão perdidos.

CAPÍTULO 17
O FILHO

> "Também sabemos que o Filho de Deus é vindo e nos tem dado entendimento para reconhecermos o verdadeiro; e estamos no verdadeiro, em seu Filho, Jesus Cristo. Este é o verdadeiro Deus e a vida eterna." (1Jo 5.20)

O Filho de Deus é o tema seguinte no Credo dos Apóstolos, logo após a cláusula sobre o Pai. De fato, é ao Filho que o Credo dedica mais espaço — mais do que às demais pessoas da Trindade. Diz-se sobre ele:

> E em Jesus Cristo, seu único Filho, nosso Senhor,
> que foi concebido pelo poder do Espírito Santo, nasceu da Virgem Maria,
> padeceu sob Pôncio Pilatos, foi crucificado, morto e sepultado;
> desceu à mansão dos mortos; ressuscitou ao terceiro dia;
> subiu aos céus; está sentado à direita de Deus Pai todo-poderoso,
> donde há de vir a julgar os vivos e os mortos.

JESUS: DEUS E HOMEM

Antes de tudo, é importante que afirmemos que Jesus Cristo é totalmente homem e totalmente Deus. Nada lhe falta da essência da divindade, assim como nada lhe falta da humanidade. Porém, é importante que nos lembremos de que a natureza humana de Jesus não era pecaminosa, visto que o pecado não faz parte da essência original do ser humano. Esse foi um acréscimo recebido após a desobediência de Adão e Eva.

Jesus é o único Filho de Deus, o seu Filho unigênito. Ele é eterno com o Pai, não tendo início nem fim. Ele é o verdadeiro Deus, como lemos em 1João 5.20. A verdadeira vida eterna só pode ser alcançada por meio dele.

Entenda que, ao quebrarmos a Lei de Deus, pecamos contra o Eterno. Quando quebramos a Lei do Eterno, devemos pagar eternamente. Isso é justiça. Por sermos incapazes de viver com perfeição, Deus se fez homem para pagar pelos homens. Como a lei quebrada foi a divina, somente alguém divino poderia ser responsabilizado. Visto que não somos deuses, seríamos sacrificados, à semelhança de um animal, que, quando mata uma criança, é sacrificado. Um cachorro não vai a julgamento, já que não é da mesma essência que os humanos. Assim também nós não poderíamos pagar pelo nosso pecado, pois não somos da mesma natureza que Deus.

Fez-se, então, necessário que alguém que fosse Deus pudesse pagar diante de Deus pela Lei, que foi quebrada. Todavia, esse Deus também precisaria ser homem, pois teria de pagar pelos erros dos homens. O Salvador teria de ser 100% Deus e 100% homem.

Cremos na divindade de Jesus porque dela depende nossa salvação. Além disso, o fato de ele ter sido assassinado é outra prova de sua divindade. As autoridades judaicas se enfureceram tanto com ele porque entenderem bem o que ele dizia sobre si mesmo. Elas compreenderam o que Jesus quis dizer quando chamou a si mesmo de "Eu Sou", o nome de Deus no Antigo Testamento (Jo 8.28, 56-59). Caso Jesus não estivesse dizendo que era o mesmo Deus que se revelara aos israelitas, os judeus não teriam se enfurecido tanto com ele.

POR QUE CRISTO SE FEZ CARNE?

Cremos que Jesus Cristo "foi concebido pelo poder do Espírito Santo [e] nasceu da Virgem Maria", conforme o registro dos Evangelhos (Lc 1.26-38; 2.1-20).

A principal razão da encarnação do Verbo de Deus está no desejo de Deus de nos tornar seus filhos por toda a eternidade, restaurando-nos à situação da qual nunca deveríamos ter saído.

O ser humano em pecado não é um ser humano tal como Deus o criou. Para que a imagem de Deus no homem fosse restaurada, era necessário que alguém divino e santo encarnasse e assumisse a culpa dos humanos pela quebra da Lei de Deus.

Jesus fez isso e, portanto, possibilita que todos que se arrependem de seus pecados e creem nele (Mc 1.15; At 3.19) obtenham perdão (1Jo 1.9), absolvição (justificação) e paz eterna com Deus (Rm 5.1).

HUMILHAÇÃO E EXALTAÇÃO

Cremos que Jesus Cristo "foi crucificado, morto e sepultado" (Mt 27–28; Mc 15–16; Lc 23–24; Jo 19–20). Ele "desceu à mansão dos mortos" (1Pe 3.18-19; 4.6; Ef 4.9). Cremos naquilo que é chamado de "a humilhação de Cristo". Sua humilhação diz respeito ao estado de "esvaziamento" de sua glória eterna, sua decisão de assumir a forma humana, ser humilhado pelos homens, ser traído, ferido, zombado, rasgado e assassinado (Fp 2.5-8). Essa é a melhor expressão do que significa "desceu à mansão dos mortos" — uma cláusula frequentemente mal interpretada, como se indicasse uma suposta ida de Jesus ao inferno.

Cristo fez isso tudo sem abrir a boca (Is 53.7), pois sabia por quem estava sofrendo toda a dor e vergonha. Desde seu nascimento até o seu sepultamento, Jesus só viveu a humilhação.

Sua exaltação só teve início com o que aconteceu logo após sua morte. Ele prometeu ao ladrão que foi crucificado ao lado:

> ... Em verdade te digo que hoje estarás comigo no paraíso.
> (Lc 23.43)

No mesmo dia em que Cristo morreu, ele voltou ao paraíso. Aqui começa sua exaltação, que seria completada após três dias, quando ele ressuscitasse dos mortos.

DUAS COROAS

Da coroa de espinhos na terra à coroa em seu trono na glória, Jesus passou por esses estágios a fim de abrir para nós um caminho que nos permitisse chegar ao céu. Cremos que Jesus Cristo "subiu aos céus, está sentado à direita de Deus Pai todo-poderoso" (Mc 16.19; At 1.9-11), "donde há de vir a lugar os vivos e os mortos" (2Tm 4.1).

Aquele que foi julgado enquanto usava uma coroa de espinhos julgará a todos no fim dos tempos, assentado em seu trono, coroado pelos séculos dos séculos como Rei dos reis. O cristianismo aguarda, desde sua fundação, o glorioso dia do retorno de Cristo. O Filho de Deus há de voltar a esta Terra, mas não como da primeira vez em que esteve aqui. Ele retornará para julgar todos, vivos e mortos, antes que sejam inaugurados os novos céus e a nova terra (Hb 9.27-28).

CONCLUSÃO

Precisamos de Jesus. Jesus é o único mediador entre Deus e os homens (1Tm 2.5), o único caminho que pode nos levar para o céu (Jo 14.6). Não há outro nome pelo qual possamos ser salvos da condenação eterna (At 4.12).

ASSIMILANDO

1. Por que Cristo se fez carne?

2. Jesus Cristo é Deus?

3. Por que Jesus precisava ser totalmente homem e totalmente Deus?

PARA O PRÓXIMO ENCONTRO

1. Para o próximo estudo, leia em sua Bíblia os seguintes trechos: Marcos 1.8; Lucas 1.67; 2.25; 4.1; João 14.26; 20.22; Atos 1.8.

2. Qual pessoa da Santíssima Trindade é destacada nos versículos acima?
___
___
___
___

3. Ore pelos seguintes motivos:
a) Louve a Deus por seu Filho unigênito, morto por seus pecados.
b) Ore pela segunda vinda de Jesus e pela obra de Deus na terra.
c) Ore para que a verdadeira salvação em Jesus seja conhecida por seus amigos e familiares.

CAPÍTULO 18
O ESPÍRITO SANTO

"A graça do Senhor Jesus Cristo, e o amor de Deus, e a comunhão do Espírito Santo sejam com todos vós." (2Co 13.13)

O Espírito Santo, às vezes chamado de Espírito de Cristo (Rm 8.9) ou Espírito de Deus (1Co 3.16; 7.40), é a pessoa da Trindade que habita o povo de Deus e nos capacita a viver em comunhão tanto uns com os outros quanto com o Deus Pai e o Deus Filho. Sem o Espírito Santo, jamais seríamos capazes de orar ou amar a Deus.

É ele quem nos regenera e opera em nós a santificação. Se a obra de Jesus na cruz por nós é o meio de chegarmos a Deus, é somente quando o Espírito nos convence de nossos pecados que somos capazes de nos arrepender e crer na obra de Cristo (e em nada mais) para nossa salvação.

Quanto à sua essência, o Espírito Santo em nada é diferente das demais pessoas da Trindade. Ele também é totalmente Deus. Devemos tomar muito cuidado para não acharmos que o Espírito Santo é mais ou menos do que o Pai ou do que Jesus. Não há hierarquia na Trindade. Os três são iguais em essência. O que difere essas três pessoas são as funções que cada um desempenha. Pai, Filho e Espírito são iguais em essência (um só Deus) e diferentes em função (três pessoas).

Não se trata de três deuses, mas de um só Deus, que existe eternamente em três pessoas distintas. Há 2000 anos, os cristãos têm tentado explicar a Trindade, mas sem sucesso. Em sua grandeza, Deus não espera ser plenamente entendido, mas crido. Por isso, não espere ser capaz de conter a Trindade infinita dentro de sua mente finita. Apenas creia no Deus trino, porque, "sem fé, é impossível agradar a Deus" (Hb 11.6).

Quando irmãos da igreja antiga (a chamada "igreja primitiva") escreveram um resumo de sua fé no Credo dos Apóstolos, disseram o que se segue acerca do Espírito Santo e de suas funções no corpo de Cristo:

> Creio no Espírito Santo,
> a santa Igreja católica, a comunhão dos santos,
> a remissão dos pecados,
> a ressurreição da carne,
> a vida eterna.
> Amém.

O ESPÍRITO E A IGREJA

Quando lemos sobre a "igreja católica" no Credo, não podemos cometer o erro de achar que se trata da Igreja Católica Apostólica Romana. A palavra "católica" significa "geral", "universal", "total", "mundial", "de todos os tempos e lugares".

Assim, todos fazemos parte da *igreja católica*, embora não façamos parte da Igreja Católica Apostólica Romana.

Todos fazemos parte da igreja de Cristo, constituída de pessoas de todos os tempos e lugares.

É o Espírito quem constitui a igreja — não apenas promovendo a comunhão de indivíduos, mas também distribuindo as funções que cada um desempenhará dentro desse corpo, sobretudo na liderança. A Bíblia nos informa que é o Espírito Santo quem separa e escolhe aqueles que serão usados para cuidar do rebanho de Deus:

> Atendei por vós e por todo o rebanho sobre o qual o Espírito Santo vos constituiu bispos, para pastoreardes a igreja de Deus, a qual ele comprou com o seu próprio sangue.
> (At 20.28)

Cientes de que é o Espírito quem dá vida à igreja, não devemos nunca deixar de buscar encher-nos do Espírito, através da oração e leitura da Palavra que ele inspirou (Ef 5.18). A igreja deve caminhar no temor do Senhor, enquanto é exortada e confortada pelo Espírito Santo:

> A igreja, na verdade, tinha paz por toda a Judéia, Galiléia e Samaria, edificando-se e caminhando no temor do Senhor, e, no conforto do Espírito Santo, crescia em número. (At 9.31)

O ESPÍRITO E A COMUNHÃO

Quase todas as vezes que terminamos um culto, ouvimos as palavras de bênção usadas por Paulo no fim da segunda carta que enviou aos coríntios:

A graça do Senhor Jesus Cristo, e o amor de Deus, e a comunhão do Espírito Santo sejam com todos vós. (2Co 13.13)

A comunhão dos santos é a comunhão/amizade que existe entre aqueles que são salvos por Jesus. A igreja é mantida pelo Espírito. Seu sustento vem do Espírito. Tudo aquilo que seus membros vivenciam, vivenciam-no na força do Espírito.

Não fosse pelo poder e comunhão do Espírito, jamais um grupo de pessoas sobreviveria por mais de 100 anos. O fato de a igreja existir por quase 2000 anos é um verdadeiro milagre, o qual só é possível pela comunhão que o Espírito gera no seu povo (Fp 2.1).

O ESPÍRITO E A REMISSÃO DOS PECADOS

Só podemos experimentar o perdão dos pecados por intermédio da ação do Espírito Santo em nossas vidas. Todas as pessoas que se arrependeram de seus pecados e se converteram a Cristo, mesmo que não tenham "sentido" nada, foram alvo do sopro invisível do Espírito. A Bíblia diz que não é possível que sejamos convencidos de nossos pecados sem que, por bondade, Deus sopre sobre nós o seu Espírito:

> Mas eu vos digo a verdade: convém-vos que eu vá, porque, se eu não for, o Consolador não virá para vós outros; se, porém, eu for, eu vo-lo enviarei. Quando ele vier convencerá o mundo do pecado, da justiça e do juízo. (Jo 16.7-8)

O ESPÍRITO E A RESSURREIÇÃO

A ressurreição é a única doutrina ensinada na Bíblia sobre a vida após a morte. Não existe reencarnação, que é uma doutrina inventada pelos homens e nada tem a ver com as Escrituras. A Bíblia ensina apenas a ressurreição, a qual será operada pelo poder do Espírito.

> Se habita em vós o Espírito daquele que ressuscitou a Jesus dentre os mortos, esse mesmo que ressuscitou a Cristo Jesus dentre os mortos vivificará também o vosso corpo mortal, por meio do seu Espírito, que em vós habita. (Rm 8.11)

Nossa esperança de ressurreição está no mesmo Espírito Santo que ressuscitou a Jesus dos mortos. Assim como o Filho de Deus foi ressuscitado, todos nós o seremos um dia, para a glória de Deus (1Ts 4.16-17).

O ESPÍRITO E A VIDA ETERNA

A Bíblia nos diz que, se investirmos somente nas coisas da carne, colheremos somente aquilo que a carne pode trazer, ou seja, sofrimento, angústia e aflição. Mas, se semearmos coisas espirituais, investindo tempo e coração nas coisas do Espírito Santo, colheremos vida — e vida eterna! Veja o que Paulo escreveu aos gálatas:

> Porque o que semeia para a sua própria carne da carne colherá corrupção; mas o que semeia para o Espírito, do Espírito colherá vida eterna. (Gl 6.8)

É o Espírito quem sopra sobre nós, convencendo-nos de nossos pecados. É ele quem produz a vida abundante em nossos corações, de modo que experimentemos as "delícias" que vêm das mãos de Deus (Sl 16.11).

CONCLUSÃO

O Espírito é vida para todos nós. Com ele, aguardamos a segunda vinda de Cristo e a vinda de novos céus e nova terra, quando experimentaremos, com toda a plenitude, a vida que, no presente, o Espírito tem-nos permitido desfrutar apenas em parte, devido ao nosso pecado.

Que o Espírito Santo continue a soprar em sua Igreja. Que ele continue a nos despertar para as coisas do alto, onde Cristo habita. Que ele venha sobre nós e nos desperte para amarmos mais a Deus (Gl 5.16, 25).

ASSIMILANDO

1. O que significa a palavra "católico"?
_____
_____
_____

2. Qual é a relação do Espírito Santo com a igreja?
_____
_____
_____

3. O que o Espírito Santo tem feito para manter a igreja viva por 2000 anos?
_____
_____
_____

4. Ore pelos seguintes motivos:
a) Peça a Deus que o Espírito Santo produza uma comunhão vibrante em sua igreja local.
b) Peça a Deus que o Espírito Santo produza santidade em sua vida.
c) Agradeça a Deus pela regeneração que o Espírito Santo efetuou em sua vida, bem como por tê-lo conduzido a uma igreja que leva a Palavra de Deus a sério.

CONCLUSÃO

"Jesus, aproximando-se, falou-lhes, dizendo: Toda a autoridade me foi dada no céu e na terra. Ide, portanto, fazei discípulos de todas as nações, batizando-os em nome do Pai, e do Filho, e do Espírito Santo; ensinando-os a guardar todas as coisas que vos tenho ordenado. E eis que estou convosco todos os dias até *à* consumação do século."
(Mt 28.18-20)

A autoridade de Jesus está sobre todos aqueles que discipulam outros. É pela autoridade dele que entregamos o que um dia recebemos. E devemos fazer isso com fidelidade. Jesus espera nossa ida. Ele espera que caminhemos em direção às pessoas, a fim de que as discipulemos, seja de maneira formal, seja de modo informal. Não discipular não faz parte das opções que temos em nossa caminhada com Jesus neste mundo. Como ele discipulou, devemos discipular.

Neste pequeno livro, procuramos compreender um pouco dos fundamentos da fé cristã — aquilo que todos que começam a seguir a Jesus precisam saber. Por isso, começamos explicando a importância da Lei e como ela se relaciona com o Evangelho da graça de nosso Senhor Jesus Cristo.

Na segunda parte, tratamos da graça de nosso Deus. Procuramos compreender o que é o Evangelho e aquilo que o compõe: o arrependimento e a fé. Constatamos o valor da cruz, da santidade, da ressurreição, da nova vida e dos novos hábitos.

Em seguida, na terceira parte, debruçamo-nos sobre a oração do Pai-Nosso, com o objetivo de aprendermos a orar com o próprio Senhor Jesus, que nos ofereceu um modelo perfeito de piedade devocional para praticarmos em nosso dia a dia.

Como a vida cristã não é feita somente daquilo que devemos saber, como também daquilo que devemos fazer, estudamos, na quarta parte, o valor e o papel do Batismo e da Ceia do Senhor na vida de um convertido.

Por fim, salientamos, na quinta e última parte, a importância de se ter uma visão saudável do Credo dos Apóstolos, o qual nos apresenta a Santíssima Trindade de forma abreviada, mas profunda.

Se você aprendeu o conteúdo de todas as 18 lições deste livro, não o guarde só para você. Compartilhe com outros! A Boa Notícia (Evangelho) nos foi dada para que fosse espalhada.

Um tesouro inestimável foi depositado em vasos de barro como nós. Somos frágeis e pecadores, mas a bondade de Deus quis colocar tão preciosa mensagem em nós. Agradeçamos a Deus por essa mensagem, a mensagem da Palavra de Deus, e a espalhemos por meio do discipulado com todos que o Senhor colocar em nosso caminho.

Sem dúvida, enquanto estivermos discipulando em nossa caminhada neste mundo, o Senhor Jesus sempre se fará presente, cumprindo sua promessa de sempre estar conosco.

Ele está com você e comigo! Portanto, vamos lá! Vamos discipular!

APÊNDICE 1
DÍZIMOS E OFERTAS

"Cada um contribua segundo tiver proposto no coração, não com tristeza ou por necessidade; porque Deus ama a quem dá com alegria." (2Co 9.7)

É correto dar o dízimo? Diante do que se vê na televisão, no rádio e na internet, diante de tantos bandidos que se infiltram em igrejas e se valem do discurso religioso para enriquecimento pessoal, o que devemos pensar a respeito das contribuições voluntárias nas igrejas?

Creio que vivemos um grande problema em nosso tempo: legislarmos com base em experiências, e não em fundamentos. Por "legislar", não me refiro à criação de leis, mas à criação de novas formas de comportamento, que nos conduzirão nas tomadas de decisões financeiras em nossas vidas.

A questão dos dízimos e ofertas entra aqui. Não há dúvidas de que muitos trapaceiros mentem e roubam pessoas dentro das igrejas. Isso, no entanto, não significa que devamos considerar que todos os pastores são trapaceiros e que todas as igrejas são lugares de pilantragem. Temos apenas de separar as ovelhas dos bodes, o joio do trigo, aqueles que claramente pervertem a Palavra de Deus daqueles que a respeitam, ensinam e se comportam irrepreensivelmente no meio do povo de Deus.

Muitas pessoas têm errado quanto a isso. E, dentre os que erram, encontramos dois grupos maiores: os que erram por ignorância e os que erram por associação. Explico.

Os que erram por associação erram por acreditarem no que alguém lhes disse acerca dos dízimos. Alguém lhes falou que pastores são ladrões, que dízimo não é bíblico e que aqueles que ofertam na casa de Deus estão desperdiçando seu dinheiro. Assim, associando-se a esse grupo, tais pessoas erram, na medida em que deixam de fazer o que Deus espera delas.

Por outro lado, os que erram por ignorância erram por não estudar a Palavra de Deus e acreditar que aquilo que lhes ensinaram está correto. Tais pessoas se associam a outras e não se preocupam em estudar as Escrituras para descobrir se, de fato, as coisas são como dizem. Há outros, além disso, que nunca se preocuparam em entregar os dízimos ou ofertas simplesmente porque ninguém lhes ensinou que isso é importante ou bíblico.

Creio que o texto bíblico que mais nos ajuda a compreender os dízimos e ofertas seja 2Coríntios 9.7 (texto que pode ser lido na epígrafe deste capítulo), que, embora não seja o único texto bíblico a lidar com o assunto, é especialmente esclarecedor e resume todos os demais.

Não pretendo, neste pequeno e simples capítulo, oferecer um tratado sobre dízimos e ofertas. Além daquilo que lerá aqui, você poderá encontrar muitas outras informações e orientações na Palavra de Deus. Sempre se reporte a ela.

O que você encontrará aqui é o básico, informações fundamentais que evitarão que você erre por ignorância ou associação.

A OBRIGATORIEDADE

A ideia por trás do texto de 2Coríntios 9.7 é clara: existe uma expectativa de que contribuamos. "Cada um contribua", diz Paulo. Não nos é dada a opção de escolher se contribuiremos ou não. Espera-se que contribuamos. O primeiro ponto que temos de ter em mente é que a contribuição é prevista por Deus em sua Santa Palavra. O fato de alguns se valerem disso para enriquecimento pessoal ilícito não torna o mandamento bíblico menos verdadeiro ou desnecessário.

Desde a época dos apóstolos, havia pessoas que se aproveitavam do mandamento referente à contribuição para, por meio de um discurso religioso, tirar dinheiro das pessoas. Os apóstolos foram contrários às atitudes imorais desses lobos que circulavam entre as ovelhas de Jesus.

No Novo Testamento, encontramos diversas referências à cautela que a igreja tinha de ter com respeito aos falsos mestres, inclusive quanto àqueles que engordavam com a gordura das ovelhas — uma clara referência ao abuso do dispositivo dos dízimos e ofertas, com o fim de se aumentarem as riquezas pessoais.

Assim, antes de pensarmos em qualquer coisa que se relacione à prática da contribuição, devemos limpar nossa mente de todo preconceito e desinformação que tenhamos recebido no passado. Precisamos estabelecer este ponto desde o princípio: Deus deseja que contribuamos!

Com isso em mente, podemos concluir que aqueles que não contribuem estão errados, ainda que a contribuição seja uma opção voluntária, como veremos adiante.

O chamado à contribuição se parece com o chamado ao perdão, na medida em que ambos são ordens que devem ser voluntariamente obedecidas. O perdão também chega a nós como uma ordem. Devemos perdoar todas as pessoas que nos ofendem. No entanto, nossa resposta a essa ordem sempre será voluntária. Assim também é o chamado à contribuição.

A DELIBERAÇÃO

O texto segue: "Cada um contribua segundo tiver proposto no coração..." Por "propor", Paulo se refere a algo que foi pensado, planejado. Essa deliberação não pode ser negligenciada. Não podemos ser irresponsáveis, principalmente em um tempo em que pessoas são convidadas a ofertar sem o mínimo de raciocínio e cuidado. O chamado à contribuição não é um chamado à irresponsabilidade, mas à confiança sensata, prudente e fiel.

Propor tem a ver com expressar uma vontade. É você mesmo, e não outro, que deve propor no coração a sua contribuição. Os valores envolvidos em sua contribuição devem resultar de sua própria deliberação.

Você pode, claro, perguntar a seu líder quanto aos valores, mas, em última análise, é você quem deve escolher a quantia. Ninguém pode determinar quanto você deve ofertar. Como o próprio texto diz, "*cada um* contribua segundo *tiver proposto*", ou seja, trata-se de uma decisão pessoal.

A VOLUNTARIEDADE

Outro ponto interessante a se considerar é o uso da palavra "coração", que denota o caráter voluntário da contribuição.

O coração, nos tempos antigos, simbolizava o centro da vontade de um indivíduo. O Espírito Santo, ao inspirar Paulo a usar essa palavra, não queria indicar o órgão, isto é, o músculo que fica dentro de nosso peito. Obviamente, esse termo se refere ao que pensamos e decidimos, àquilo que nos move, à nossa vontade mais pura e sincera.

Coração é sinceridade. Coração é verdade. Não podemos ofertar hipocritamente, sem que sintamos, com toda sinceridade de nossa alma, o desejo de entregar o dízimo e a oferta diante do Senhor.

Como, então, devemos proceder? Creio que a forma mais correta de procedermos é incluindo o momento de contribuição financeira dentro do período do culto. Sei que muitas igrejas já têm essa prática, mas nem sempre os cultos favorecem que o momento de adoração seja o momento de contribuição.

Em outras palavras, creio que a contribuição é parte integrante da adoração. Creio que aquele que contribui não deve fazê-lo mecânica ou friamente. É mais do que depositar dinheiro dentro de um cesto ou colocar um envelope em um gazofilácio. Contribuição é adoração, é parte do reconhecimento do que a Palavra de Deus nos ensina.

Por isso, creio que a contribuição deve ser feita em adoração, em conversa com Deus, seja quando caminhamos até um gazofilácio, seja quando depositamos o dinheiro em um cesto que passa de mão em mão.

Se você vai se levantar para contribuir, que o faça durante o culto, em um momento em que você poderá se dirigir ao lugar do ofertório enquanto fala com Deus. Em sua caminhada em direção ao gazofilácio, vá orando, lembrando-se do que Deus tem dado a você, agradecendo-lhe por todo o cuidado e entregando-lhe seu futuro.

Assim como, no momento do louvor, quando você se recorda de respostas de oração, livramentos e perdão de seus pecados, lembre-se também, no momento dos dízimos e ofertas, do quanto Deus tem sustentado e guardado sua família.

Mas, para que tudo isso aconteça, é necessário que você tenha um coração voluntário e grato.

OS SENTIMENTOS

Paulo segue: "Não com *tristeza* ou por *necessidade*; porque Deus ama a quem dá com alegria." A tristeza sempre é uma inimiga das boas decisões. Já a necessidade revela a falta de disposição para se realizar uma tarefa. Como vimos no ponto anterior, espera-se que haja um desejo sincero para a realização da contribuição. Quando a fazemos com tristeza, não a fazemos de coração. Quando a entregamos por necessidade, não a entregamos com alegria.

Portanto, devemos ter muito cuidado com os nossos sentimentos. Eles podem facilmente nos trair. Você já deve ter sido traído por seus sentimentos, tomando decisões irrefletidas sem sentir a paz de Deus ou mesmo sem perceber uma direção clara da parte dele para a tomada de decisão.

Sabemos que há muitas igrejas nas quais o dízimo é ensinado de maneira muito diferente da que proponho aqui. Em várias igrejas, ensina-se que você deve dizimar caso queira ser abençoado, prosperar, receber alguma dádiva de Deus em troca.

Porém, não é assim que as coisas devem ser. Devemos tomar muito cuidado para que a contribuição na igreja de Cristo não seja feita com tristeza ou porque um líder está nos obrigando a dar dinheiro, mas com alegria e disposição.

O AMOR DE DEUS

"Deus ama a quem dá com alegria". Essas palavras refletem algo do caráter de Deus e de sua expectativa quanto às nossas atitudes.

Você entende? Se ele ama, nós também devemos amar. É pecado não amarmos o que Deus ama. Humanamente, nossa natureza pecaminosa nos inclina a odiar o que Deus ama e amar o que Deus odeia.

Deus ama a santidade, e nós devemos amá-la também. Deus ama perdoar; logo, também devemos amar o perdão. Deus nos ama, de maneira que aprendemos com ele que devemos amá-lo e amar o nosso próximo da mesma forma.

Existem tantas outras coisas que Deus ama, e, em sua Palavra, somos desafiados a amá-las também. A contribuição voluntária é uma das coisas que alegram o coração de Deus. Essa é a razão pela qual todos nós devemos amar separar uma parte do que ganhamos para entregar no momento de culto ao nosso Deus.

CONCLUSÃO

Podemos estar certos de que falharemos se não dermos nossos dízimos e ofertas. Pecamos quando olhamos para obra do Senhor e para a necessidade do próximo e simplesmente ignoramos os nossos deveres.

Nós nos tornaremos verdadeiros discípulos de Cristo quando amarmos o que o nosso Deus ama, pois essa era a atitude diária de nosso Senhor e Salvador Jesus Cristo. Ele amava seu Pai e amava fazer sua vontade. Jamais se viu alguém tão santo, tão feliz e com tanta graça e paz quanto ele. Essa é a força do amor!

Minha firme esperança é que, amando como o Senhor ama, desfrutaremos da mesma graça e alegria de que o Senhor Jesus gozava devido ao fato de ter dado ouvidos aos conselhos da Palavra de Deus.

Oremos para que Deus nos ajude! Que sejamos fiéis.

ASSIMILANDO

1. O dízimo é voluntário ou obrigatório (ou as duas coisas ao mesmo tempo)?
___
___
___
___

2. O que Deus mais ama no versículo de 2Coríntios 9.7?
___
___
___
___

3. Quais seriam as motivações erradas relacionadas aos dízimos e ofertas?
___
___
___
___

4. Ore pelos seguintes motivos:
a) Agradeça ao Senhor por sua provisão diária em sua vida.
b) Agradeça por ele não deixar faltar nada.
c) Peça a Deus ajuda para que você seja fiel com seus dízimos, para que nunca lhe falte o sustento e para que você sempre seja fiel ao Senhor nesse ponto.

APÊNDICE 2
UMA ORAÇÃO PURITANA[10]

Ó DEUS ESPÍRITO SANTO,
Aquilo que eu não sei, ensina-me Tu.

Mantém-me discípulo humilde na escola de Cristo, aprendendo diariamente sobre aquilo que sou em mim mesmo, uma pecaminosa criatura caída, merecendo, com justiça, a perdição eterna;

Ó, nunca permita que eu perca de vista minha necessidade de um Salvador, ou me esqueça que fora dele eu não sou nada, e nada posso fazer.

Abre meu entendimento para conhecer as Sagradas Escrituras;

Revela à minha alma os conselhos e atos da bendita Trindade;

Instila em minha mente obscura o conhecimento salvífico de Cristo;

Faz-me familiarizado com as promessas de sua aliança e o seu perfeito cumprimento delas; que pela confiança em sua obra consumada eu possa encontrar o amor do Pai no Filho, Pai dele, meu Pai, e possa ser trazido através de tua influência a ter comunhão contigo, que és três em um.

---

10 Arthur Benett, *The Valley of Vision: A Collection of Puritan Prayers & Devotions*. Tradução: Márcio Santana Sobrinho, p. 32.

Ó, conduz-me à toda verdade, tu, Espírito de sabedoria e revelação; que eu possa conhecer aquilo que me traz paz, e através de ti ser refeito.

Torna prático em meu coração o amor de Deus como tu tens revelado este amor nas Escrituras;

Aplica à minha alma o sangue de Cristo, de forma efetiva e contínua,

e ajuda-me a crer, tendo a consciência segura,

de que ela foi limpa de todo pecado;

Guia-me de fé em fé, que em todo tempo eu possa ter a liberdade de vir ao reconciliado Pai, e possa ser capaz de manter-me em paz com ele, contra dúvidas, temores, corrupções, tentações.

Teu ofício é ensinar-me a me aproximar de Cristo com um coração puro, firmemente convencido de seu amor, em total segurança de fé.

Não me deixa titubear neste caminho.

Amém.

FIEL
MINISTÉRIO

O Ministério Fiel visa apoiar a igreja de Deus de fala portuguesa, fornecendo conteúdo bíblico, como literatura, conferências, cursos teológicos e recursos digitais.

Por meio do ministério Apoie um Pastor (MAP), a Fiel auxilia na capacitação de pastores e líderes com recursos, treinamento e acompanhamento que possibilitam o aprofundamento teológico e o desenvolvimento ministerial prático.

Acesse e encontre em nosso site nossas ações ministeriais, centenas de recursos gratuitos, como vídeos de pregações e conferências, e-books, audiolivros e artigos.

Visite nosso site

www.ministeriofiel.com.br

Esta obra foi composta em AJensonPro Regular 11,7, e impressa
na Promove Artes Gráficas sobre o papel Polen 70g/m²,
para Editora Fiel, em Dezembro de 2024